臨場感あふれる解説で、楽しみながら歴史を"体感"できる

世界史劇場

河合塾講師 **神野正史**【著】

侵蝕される
イスラーム世界

はじめに

　本書は、「世界史劇場シリーズ」イスラーム篇の第3作目にあたります。
　第1巻『イスラーム世界の起源』ではイスラームの発祥から12世紀ごろまでの「イスラーム創成期」を紐解き、第2巻『イスラーム三國志』では12世紀から17世紀ごろまでの「イスラーム隆盛期」を描き出しました。
　6世紀まではこの地球上のどこを探しても影も形もなかったイスラーム。
　それが7世紀に入るや、有史以来一度も統一国家すら現れたこともない砂漠の中にポツンと生まれたかと思ったら、瞬く間に三大陸を股にかける大帝国となり、以来1000年、17世紀まで強勢を誇ったイスラーム。
　しかし。
　イギリスが栄華を極めた19世紀当時、そのイギリスがやがて衰亡していくことなど想像できなかったのと同じように、繁栄の只中に生きている者にはまもなくその国が衰亡していくことなど想像だにできませんが、ほとんどの場合、その繁栄の真っ只中においてすでに"次代の衰亡の原因"は生まれているものです。
　そのイスラームもまた、繁栄していた17世紀、すでに綻びを見せはじめており、そうした矛盾が18世紀に入るや否や一気に噴出、見る影もなく凋落・衰亡の一途をたどることになりますが、17世紀の時点でこうした惨状を予想し得た者はいません。
　1853年ペリーが浦賀に来航したとき、そのわずか14年後に幕府が滅びるなど、その時点で予想できた者など誰ひとりとしていなかったのとおなじです。
　しかし、凡そ人が造りあげたもので"未来永劫"などというものは存在せず、それは国家・文明とて例外ではないのですが、それを"理屈"ではわかっていても「まさか」「我が帝国が衰亡するなど考えられん！」「アメリカが覇者でない世界など想像できない」という"固定観念"がそれを圧し殺してしまうため、本当にこのことを理解できている人は多くありません。
　1000年にもわたって"我が世の春"を謳歌したイスラームともあろうものが、なぜ今、亡びの道を辿らなければならなかったのか。

そこで本書では、いよいよ17世紀から1870年代までの「退潮するイスラーム」を扱います。
　現代に至るまでの"イスラームの苦悶"はここから始まったと言っても過言ではありません。
　この時代のイスラームの歴史理解なくして、現在の国際世界の理解もまたあり得ません。
　と同時に、その歴史を学ぶことは、我々も同じ道をたどらぬ為の「転ばぬ先の杖」「濡れぬ先の傘」となるでしょう。
　なんとなれば。
　我が国の現状は、まさに「18世紀初頭のイスラーム世界」によく似た特徴を備えているためです。
　昭和後期の繁栄期は矢のように過ぎ去り、今我々は後ろを振り向けば「繁栄」という名の上り坂、前を見れば「衰亡」という名の下り坂の"分水嶺"に立っているのですから。
　これからの日本をどう生き抜くか。
　本書からそのヒントを汲み取ってもらえたなら、こんなにうれしいことはありません。

2018年　4月

本書の読み方

　本書は、初学者の方にも、たのしく歴史に慣れ親しんでもらえるよう、従来からの歴史教養書にはない工夫が随所に凝らされています。

　そのため、読み方にもちょっとしたコツがあります。

　まず、各単元の扉絵を開きますと、その単元で扱う範囲の「パネル(下図参照)」が見開き表示されています。

　本書はすべて、このパネルに沿って解説されますので、つねにこのパネルを

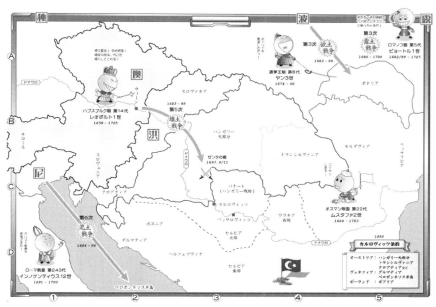

参照しながら本文を読み進めていくようにしてください。

　そうしていただくことによって、いままでワケがわからなかった歴史が、頭の中でアニメーションのようにスラスラと展開するようになります。

　ぜひ、この読み方をお守りくださいますよう、よろしくお願いします。

　また、その一助となりますよう、本文中には、その随所に (A-5) などの「パネル位置情報」を表示しておきました。

これは、「パネルの枠左の英字と枠下の数字の交差するところを参照のこと」という意味で、たとえば (A-5) と書いてあったら、「A段第5列のあたり」すなわち、前ページパネルでは「ピョートル1世」のあたりをご覧ください。
　なお、本パネルの中の「人物キャラ」は、てるてる坊主みたいなので、便宜上「てるてる君」と呼んでいますが、このてるてる君の中には、その下に「肩書・氏名・年号」が書いてあるものがあります。

ムガール帝国 第6代
アウラングゼーブ
1658 - 1707

　この「年号」について、注意点が2つほど。
　まず、この年号はすべて「グレゴリウス暦」で統一されています。
　従いまして、イスラームを解説したパネルであっても「ヒジュラ暦」ではありませんし、日本の歴史が描かれたパネルであっても「旧暦」ではありません。
　また、この「年号」はそのすぐ上の「肩書」であった期間を表しています。
　従いまして、同じ人物でも肩書が違えば「年号」も変わってきますのでご注意ください。

　たとえば、同じ「シャージャハーン」という人物でも、その肩書が、
「皇太子」のときは、即位前の期間 (1592 - 1628) が、
「ムガール帝国 第5代」のときは、その在位期間 (1628 - 58) が、
「幽閉中」のときは、彼が幽閉されていた期間 (1658 - 68) が記されています。

　また、本文下段には「註欄」を設けました。
　この「註」は、本文だけではカバーしきれない、でも、歴史理解のためには、どうしても割愛したくない、たいへん重要な知識をしたためてありますので、歴史をより深く理解していただくために、本文だけでなく「註」の説明文の方にも目を通していただくことをお勧めいたします。

　それでは、「まるで劇場を観覧しているかの如く、スラスラ歴史が頭に入ってくる！」と各方面から絶賛の「世界史劇場」をご堪能ください。

CONTENTS

はじめに 3
本書の読み方 5

第1章 最後の煌めき

第1幕 繁栄の裏で
スレイマン大帝没後のオスマン帝国　11

第2幕 名君の跡継ぎはいかに
ジャハーンギール帝　25

第3幕 礎を崩す愚行
シャージャハーン帝　33

第4幕 生真面目ゆえに
アウラングゼーブ帝　43

第2章 劣勢のイスラーム

第1幕 滅亡スパイラル
オスマン帝国衰亡法則　55

第2幕 オスマン恐るるに足らず
第2次ウィーン包囲　63

第3幕 大トルコ戦争の幕開け
カルロヴィッツ条約　73

第4幕 連敗の衝撃
パッサロヴィッツ条約　79

第5幕 ヨーロッパに学べ！
チューリップ時代　87

第6幕	アレクサンドロスの再来？	
	サファヴィー朝の解体	95

第7幕	地獄の一丁目	
	ムガール帝国の解体	105

第3章　蚕食されるイスラーム

第1幕	モグラ叩きの苦境	
	エジプト・アラビアの自立化	115

第2幕	抵抗勢力の反乱	
	セリムの新制	125

第3幕	遅咲きの天下人	
	カージャール朝のイラン統一	135

第4幕	内訌の罠	
	インドの植民地化	145

第4章　東方問題

第1幕	自由か、しからずんば死か	
	ギリシア独立戦争	155

第2幕	聖域へのメス	
	マフムートの新制	167

第3幕	病膏肓に入る	
	第1次エジプト＝トルコ戦争	175

第4幕	名将の嘆息	
	第2次エジプト＝トルコ戦争	185

第5幕	「上から」の近代化政策	
	恩恵改革（タンジマート）	193

CONTENTS

第6幕 **地獄の消耗戦**
クリミア戦争 　　　　　　　　　　　　　　　　　**201**

第7幕 **暗雲垂れ込める改革**
1856年 パリ条約 　　　　　　　　　　　　　　　**209**

第8幕 **亡国の第113条**
ミドハト憲法の成立 　　　　　　　　　　　　　　**215**

第9幕 **自業自得の白旗**
第11次露土戦争 　　　　　　　　　　　　　　　**225**

第10幕 **誠実なる仲介人の企み**
ベルリン条約 　　　　　　　　　　　　　　　　　**231**

第5章　解体するイスラーム

第1幕 **不凍港を求めて**
ロシアの南下政策 　　　　　　　　　　　　　　　**239**

第2幕 **抗争と混乱のアフガン**
グレート・ゲーム 　　　　　　　　　　　　　　　**247**

第3幕 **我こそは救世主なり！**
バーブ教徒の乱 　　　　　　　　　　　　　　　　**255**

第4幕 **裏切りの併合**
インド防衛体制の確立 　　　　　　　　　　　　　**263**

第5幕 **滅亡への道**
スィパーヒーの乱 　　　　　　　　　　　　　　　**269**

第6幕 **女王の帝国**
インド帝国の成立 　　　　　　　　　　　　　　　**283**

Column コラム

さまざまな君主号	42
「歴史」と「昔話」の違い	54
平和の負の側面	86
世界初の投機熱狂	94
王朝の盛衰と系図	144
イギリス人とインド人	154
露土戦争の数え方	166
エジプト王国の君号	174
海峡争奪戦	184
宗教法と世俗法	200
アジア初の憲法は？	224
ビスマルク体制	238
滑稽歐亞外交地圖	246
異端ではなく異教	262
民族の結束力	282

第1章 最後の煌めき

第1幕

繁栄の裏で
スレイマン大帝没後のオスマン帝国(デブレット)

16世紀に絶頂を迎えたイスラーム世界は、その余勢を駆って17世紀いっぱいまでは繁栄を謳歌した。表面的には16世紀以上の繁栄を謳歌しているように見えたし、当時の人もそう信じていた。しかし、17世紀の繁栄はすでに〝仮初(かりそめ)〟となりつつあり、このときすでに破局の跫音(あしおと)はひたひたと近づいてきていた。

オスマン帝国 第10代
スレイマン1世

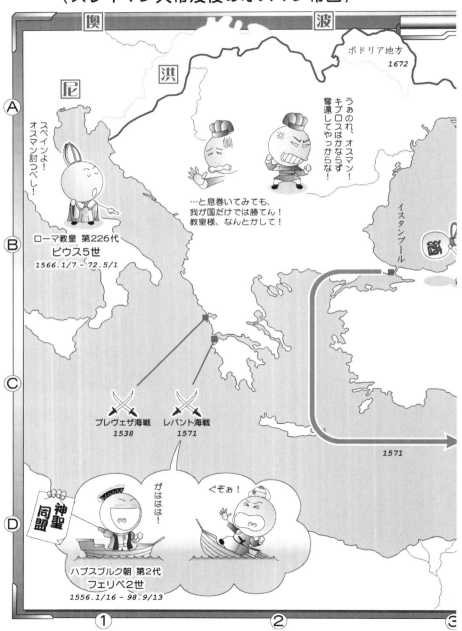

第1幕　スレイマン大帝没後のオスマン帝国

16世紀後半〜17世紀中葉

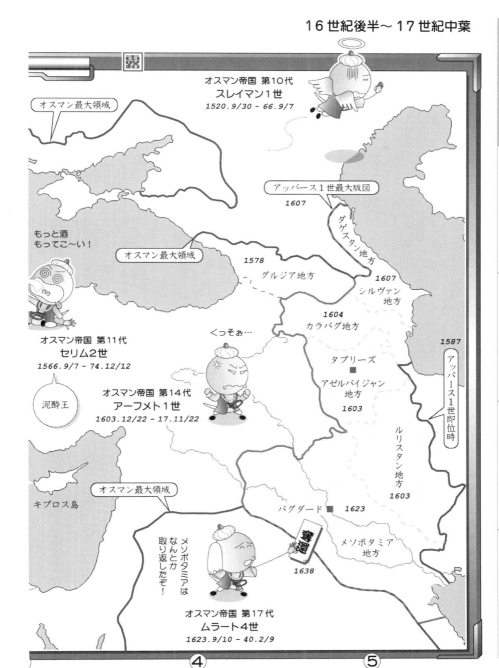

本書は、『世界史劇場』シリーズ「イスラーム篇」の3巻目に当たるものです。

そこでまず、本論に入る前にここに至るまでのイスラーム史について、右ページの年表を参照しながら簡単に振り返ってみましょう。

──────── 第1巻「イスラーム世界の起源」 ────────

まず「第1巻」では、7～11世紀を中心とした約500年間のイスラーム世界を描き出しました。

西暦610年、砂漠の片隅にポツンと生まれたかと思ったら、わずか100年ほどでアジア大陸・アフリカ大陸・ヨーロッパ大陸と三大陸を股にかける大帝国へと発展し得たのはいったいなぜか。

通常、これほど短期間のうちに巨大化した組織というのは、やはり短期間のうちに一気に崩壊していくというのが世の常ですが、イスラーム帝国に限っては以降さらに100年にわたる繁栄を誇ることができたのはなぜか。

そこには歴史から学ぶべき重要な"秘訣"がいくつも隠されているのですが、その詳細については「第1巻」に譲るとして、そうした栄華も"時の流れ"には勝てず、9世紀に入るとさしものイスラームも崩壊の萌芽が始まり、10世紀にはそれが本格化します。

ここまでつねに「ひとつ」でありつづけたイスラーム帝国が、いよいよ9～10世紀の200年かけてバラバラに分解していく時代を迎えたのです。

しかし、羅貫中（らかんちゅう）の言葉を借りるまでもなく、「天下の大勢たるもの、分かること久しければ必ず合（ごう）し、合して久しければ必ず分かる（＊01）」。

そうした分裂が一段落すると、11世紀ごろから今度はつぎの100年かけてふたたびイスラーム世界は統合へと向かいました。

その中心的役割を担ったセルジューク朝はあれよあれよという間にイスラーム世界の諸国を併呑、統一を指向していきます。

─────────────────────────────

（＊01）羅貫中による『三国志演義』の冒頭の言葉。

第1幕 スレイマン大帝没後のオスマン帝国

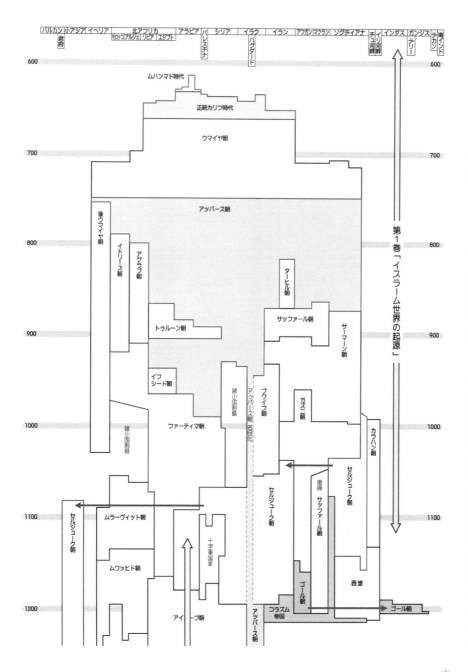

──────── 第2巻「イスラーム三國志」 ────────

　「第2巻」は12～16世紀を中心とした約500年間のイスラーム世界を紡ぎ出しました。
　一時は飛ぶ鳥を落とす勢いで諸国を併呑し、このまま全イスラーム世界を再統一するかに見えたセルジューク朝でしたが、その夢が達成されない(*02)うちに解体が始まり、セルジューク朝の旧領から多くの地方政権が濫立し、ふたたびイスラーム世界は混沌へと戻っていきます。
　しかも、そのタイミングでイスラーム世界にモンゴル帝国が侵寇してきたため混乱に拍車がかかりました。
　ここで、イスラームの歴史段階を「支配民族」の視点から振り返ってみると、イスラームの開教からアッバース朝が覇を唱えていたころ(7～9世紀)までは支配民族はアラブ系でしたが、その解体が本格化した10世紀ごろからこれに代わってイラン系が、11～12世紀にはトルコ系が幅を利かせるようになっていました。
　そのころ天下を轟かせたセルジューク朝もトルコ系です。
　ところがこれが衰えたあと、13世紀に入ってモンゴル帝国が侵寇するようになると、一時トルコ人を押し退けてモンゴル系が猛威を振るうようになりました。
　しかし、初めイスラームを否定しイスラームを蹂躙したモンゴルも、14世紀にはイスラームと同化しはじめ、15世紀にはオスマン帝国・マムルーク朝・チムール帝国・サイイド朝など、イスラーム世界はふたたびトルコ系を支配民族として統合に向かい、16世紀にはオスマン帝国・サファヴィー朝・ムガール帝国という三大帝国を中心として回るようになります。
　こうして、たった4人の信者から始まったイスラームは、開教より1000年を経て絶頂期に入ったのです。

────────────────────────

(*02) このとき、イスラーム世界においてセルジューク朝に呑み込まれなかったのは、ほとんど北アフリカのイスラーム諸国(ファーティマ朝・ムラーヴィッド朝など)だけでした。

第1幕　スレイマン大帝没後のオスマン帝国

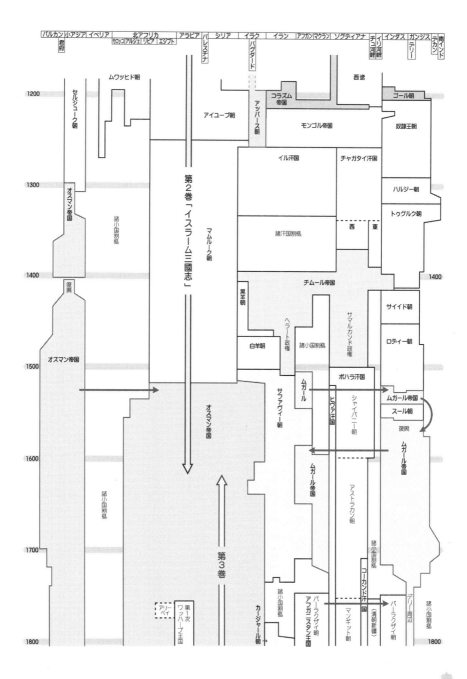

そして本書「第3巻」では、17世紀〜1870年代までのイスラーム世界を取り上げます。

ここに至るまでのイスラーム世界は、内部的には分裂と統合を繰り返してきたものの、対外的にはつねにこれを拡大・発展させつづけてきました。

そしてついに17世紀の後葉にはオスマン帝国(デブレット)とムガール帝国(グーラカーニー)がほぼ時を同じうして最大版図となり(＊03)、その絶頂は極まった —— かに見えました。

しかし、絶頂を極めた者にはかならず衰亡が訪れます(＊04)。
「例外のない原則はない」と言われますが、この原則に限っては例外はひとつたりともありません。

イスラーム世界にとって、17世紀はその転機となった時代でした。

外から見れば「領土は最大」となり、一見「絶頂を極め」ているように見えた栄華も、その実態は前時代までの"繁栄の余韻"にすぎず、その見せかけの"繁栄"の只中において崩壊の跫音(あしおと)はひたひたと、そして確実に近づいてきていたのでした。

本書では、その過程をオスマン帝国(デブレット)から順に見ていくことにします。

オスマン帝国(デブレット)"絶頂の象徴"ともいうべき皇帝(スルタン)スレイマン1世(A-5)が亡くなる(1566年)と、その跡を継いだのがその子セリム2世(B-3)。

しかし、歴史を紐解けば「名君の子が名君」であった試しなく、彼もまたご多分に漏れず愚帝で、酒に溺れ(＊05)、政治は大臣に丸投げして放蕩の限りを尽くしたため、早くも帝国に翳(かげ)りが差しはじめます。

事の発端は1570年、泥酔王セリム2世がキプロス島に軍を送り込んで、翌年これを制圧した(サルホーシュ)(C/D-3)ことでした。

ちなみにオスマンがここ(キプロス)を制圧したのは、ここが東地中海の東方貿易(レヴァント)を荒ら

(＊03)オスマン帝国が1672年、ムガール帝国が1687年のことです。

(＊04)逆にいえば、滅びたくなければ絶頂を極めてはなりません。
　　　　過ぎたるは及ばざるが如し、極度の繁栄は確実に我が身を亡ぼすことになります。

(＊05)「酒に溺れる」というのはどこの国でも褒められたことではありませんが、特に『クルアーン』で酒を諫めているイスラーム世界では眉をひそめる行為となります。

第1幕　スレイマン大帝没後のオスマン帝国

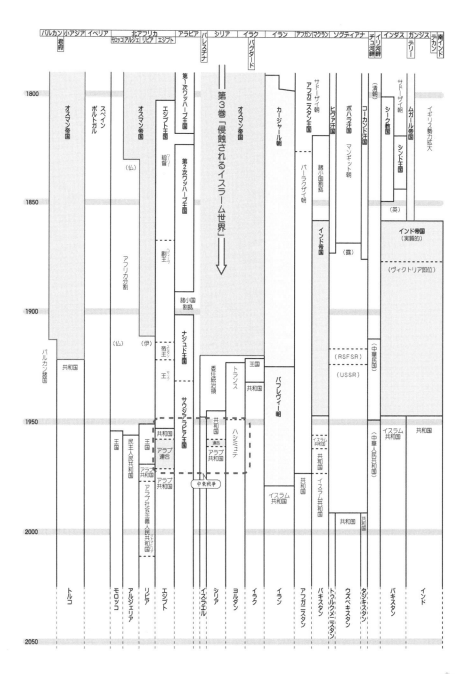

す海賊(ピラータ)どもの根城と化していたため。
　しかし、同時にワインの特産地でもあったため、イスタンブール市民ですら「どうせ"呑んだくれセリム(サルホーシュ)"がたらふく酒(ワイン)を呑みたかっただけだろ！」と陰口を叩くほど、セリム２世は当時から人気のない皇帝(スルタン)でした。
　さて、キプロスを奪われたヴェネツィア（A-1）はその奪還に燃え、これを教皇ピウス５世（B-1）に訴え、教皇がスペインに呼びかけると、当時のスペイン国王フェリペ２世[*06]（D-1）もこれに応えたことで「神聖同盟(リガ・サンタ)（D-1）」が成立。
　さきの「プレヴェザ海戦[*07]（C-1）」の雪辱を果たすべく、同盟艦隊(リガ)（ヴェネツィア・教皇・スペイン連合艦隊(バーバ)）がギリシアのレパント岬沖（B/C-1/2）に結集してきました。
　ここに、世に名高い「レパント海戦[*08]（C-1/2）」が幕開けます。
　刻(とき)、1571年10月7日正午。
　同盟艦隊(リガ)・オスマン艦隊ともに300隻ちかくの大艦隊で対峙し、これが正面からぶつかり合うことになりました。
　さぞやすさまじい激戦が繰り広げられたかと思えば、意外や意外、開戦からわずか１時間半でオスマン艦隊は壊滅状態となり、一方的な大敗北(デブレット)（D-1/2）を喫します。
　「向かうところ敵なし」で"我が世の春"を謳歌したスレイマン大帝が亡くなってからわずか５年後のことで、オスマン建国以来、ヨーロッパ勢がオスマン帝国(デブレット)に勝った初めての戦(いくさ)となりました[*09]。
　そのためヨーロッパ側はこの勝利を悦び、大喧伝したため、後世「このレパント海戦を以て、オスマン帝国(デブレット)は衰亡の一途をたどる契機となった」との誤解が

[*06]「スペイン動けば世界が震える」と謳われたスペイン絶頂期の国王（位1556〜98年）。

[*07]スレイマン大帝のオスマン帝国と、カルロス１世のスペインを主力とするヨーロッパ連合軍との海戦（1538年）。詳しくは、『世界史劇場 イスラーム三國志』を参照のこと。

[*08]『ドンキホーテ』の著者として有名なM．セルバンテスもこの戦いに参戦。その際、左腕に被弾して、その機能を失っています（一説には腕切断）。

広まることになります。
　しかしながら。
　たしかにオスマン帝国はこの一戦で一敗地にまみれましたが、その後1世紀以上にわたってビクともしていません。
　ビクともしていないどころか、その後も領土は安定的に拡大しつづけています。
　この海戦ではたしかにオスマン艦隊は潰滅しましたが、それはわずか半年で再建され、むしろそのおかげで艦隊がすべて最新鋭艦に入れ替わって戦前より強大な艦隊へと生まれ変わったほどですし、そもそも戦争の原因となったキプロス島も失陥することなく、戦後も地中海覇権は保持されています。
　戦争を見るとき、人はよく"目先の戦果（戦術の勝利）"に目を奪われますが、じつのところそんなものはどうでもよい、重要なのは"戦争目的の達成（戦略の勝利）"です(＊10)。
　どれほど"目先の勝利"を重ねたところで、最終的に"戦争目的"を達せられ

ローマ教皇 第226代
ピウス5世

「スペインよ！オスマン討つべし！」

「うぉのれ、オスマン！キプロスはかならず奪還してやっかるな！」

オスマン帝国 第11代
セリム2世

「もっと酒もってこ〜い！」

(＊09) 小さな小競り合いを除く。また、オスマンはアンカラの戦（1402年）で大敗していますが、あれは対チムール戦であって、ヨーロッパに敗れたわけではありません。

(＊10) 戦略とは「目的（地中海覇権）達成のための基本方針」、戦術とは「目的達成のために実行される手段（レパント海戦）」です。したがって、地中海覇権が維持できるならば海戦に敗れても問題ありません。所謂「試合に負けて勝負に勝った」ということです。

なければ、それらの勝利にはなんの意味もありませんし、逆に、何度"目先の戦い"に敗けようと"戦争目的"さえ達せられれば問題ありません。

しかしながら、人というものは、どうしても"目先"に心を奪われ、"目的"を見失いがちになるものです。

このときも神聖同盟(リガ サンタ)は"目先の勝利"に狂喜して浮き足立ってしまい、まだ"目的"も達していないのに早くも仲間割れを起こし、同盟(リガ)はたちまち瓦解してしまいます。

その隙(スキ)に、オスマンはたちまち戦前以上の大艦隊を再建。

そのためにヨーロッパ勢は以降1世紀にわたって手出しができなくなってしまいました。

とはいえ、本戦の勝利に歴史的意義が見出せないわけでもありません。

こんな逸話があります。

―― 昔、摂津(せっつ)の国に"鑓(やり)中村"と異名を取るほどの侍大将・中村新兵衛なる者があり、その活躍ぶりは、彼の「唐冠纓金(とうかむりえいきん)(＊11)」に「猩々緋(しょうじょうひ)(＊12)の陣羽織」という出で立ちを見ただけで敵兵が怖気(おじけ)づいてしまったほど。

しかしあるとき、この兜と陣羽織を初陣の若侍に貸し与えてしまう。

すると、いつもは自分を見て浮き足立つ雑兵(ぞうひょう)どもが、わらわらと勇んで襲いかかってくる。中村は、これを捌(さば)けど討てども埒(らち)が明かず、体力を奪われてついに名もなき鼠輩(そはい)に討たれてしまった。

この逸話からもわかるように「威信」「権威」ある者には、それだけで敵が怖気(おじけ)づいてしまうため、実力以上の力が発揮できるもの。

オスマン帝国にとって、それまでの「不敗神話」こそが中村新兵衛の「猩々緋(しょうじょうひ)の陣羽織」だったのに、レパント海戦でそれを失ったことで、以降のオスマン

（＊11）唐風の冠に左右に金色の羽根（纓）が付いた兜のこと。

（＊12）赤と臙脂（えんじ）の中間くらいの赤色。

（＊13）在位 1587 ～ 1629 年。
　　　　彼の功績の詳細については『世界史劇場 イスラーム三國志』を参照のこと。

第 1 幕　スレイマン大帝没後のオスマン帝国

帝国は"陣羽織を失った中村新兵衛"同様、飽くなきヨーロッパの挑戦を受けることになり、それがオスマンの体力をじわじわと削いでいくことになったためです。

　さらに間の悪いことに、オスマンが躓いて(レパント海戦)まもなく、東方のサファヴィー朝が第5代皇帝アッバース1世(＊13)の下で絶頂期に入り、「失地回復！」「捲土重来！」とばかり、オスマン帝国への侵攻を繰り返すようになり、このため帝国は、西からヨーロッパ勢、東からサファヴィー朝に挟撃され、一時は、カスピ海西岸(A/B-5)からメソポタミア(C/D-5)まで(＊14)をごっそりとサファヴィー朝に奪われる(17世紀前半)ほどの劣勢に陥ったこともあったほどです。

　こうして、さしものオスマンも戦前までの"破竹の勢い"は消え失せ、戦後"安定期"へと移行していく契機になりました。

　とはいえ、17世紀後半までのオスマン帝国は、外から見るかぎり大きな事件も戦争もなく、そのうえなおも膨張はつづいていました(＊15)ので、「ゆるやか

(＊14) 北はダゲスタン地方(A/B-5)から、シルヴァン・カラバグ・アゼルバイジャン(B/C-5)・ルリスタンときて、メソポタミア地方(C/D-5)まで。特にアゼルバイジャンとメソポタミアは「取られては取り返して」とめまぐるしい争奪戦が繰り広げられた。

(＊15) チュニス(1574年)、グルジア(1578年)、カラバグ(1582年)、シルヴァン・ダゲスタン(1583年)、ルリスタン(1587年)、クレタ島(1669年)・ポドリア(1672年)など。

な膨張期」といってよい時代でしたが、その玉座には歴代無能・凡庸な皇帝(スルタン)が座り、宮廷は権力闘争に明け暮れ、財政も慢性的な赤字に転落し、各地で叛乱が相次ぐようになっていました。

　外から見れば一見安定しているように見えても、そのじつ内はガタガタ。

　こうした組織は、ひとたび崩壊が始まると目も当てられないものとなるものです(＊16)。

　17世紀、繁栄を謳歌していた真っただ中で、18世紀以降の崩壊の原因は着実に帝国(デブレット)を蝕んでいたのでした。

　ところでちょうどこのころ、お隣サファヴィー朝では、皇帝(シャー)アッバース1世の下で絶頂期を迎え、一時はオスマン帝国を押していました。

　しかしそれもほんの一時(いっとき)。

　彼亡き(1629年)あとのサファヴィー朝は、スレイマン大帝亡きあとのオスマン帝国(デブレット)の歴史をなぞるようにして、17世紀後半までは外面的には安定しているように見えながら、そのじつ凡庸・無能な皇帝(シャー)がつづいてジリ貧となり、歴史的に見るべき事件や戦争もないまま、ゆっくりと「死」に向かって歩んでいくことになります。

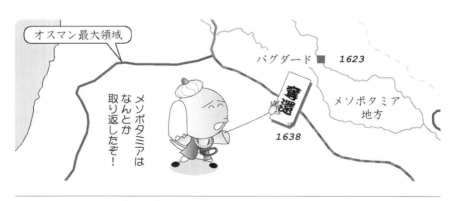

(＊16)徳川幕府も一見「平穏」「盤石」のように見えましたが、そのじつ、永年の泰平によって腐敗が隅々にまで浸透していたため、「たった四杯の上喜撰（蒸気船）」でアッという間に崩壊することになりました。もしペリー来航が家康のころであれば、あんな無様を晒すことはなかったでしょう。

第1章 最後の煌めき

第2幕
名君の跡継ぎはいかに
ジャハーンギール帝

アクバル大帝(マハーン)の死後、帝位に就いたのはジャハーンギール。オスマン帝国(デブレット)、サファヴィー朝(グーラカーニー)がそうであったように、ムガール帝国もまた名君のあとは愚帝であった。彼は酒に溺れ、阿片(アヘン)に蝕まれ、政治を放棄したため、皇后ヌール=ジャハーン、外戚アーサフ=ハーン姉弟に実権を奪われてゆくことになる。

姉上ミフルンが皇妃になったことで大出世！

マンサブダール（外戚）
アーサフ=ハーン

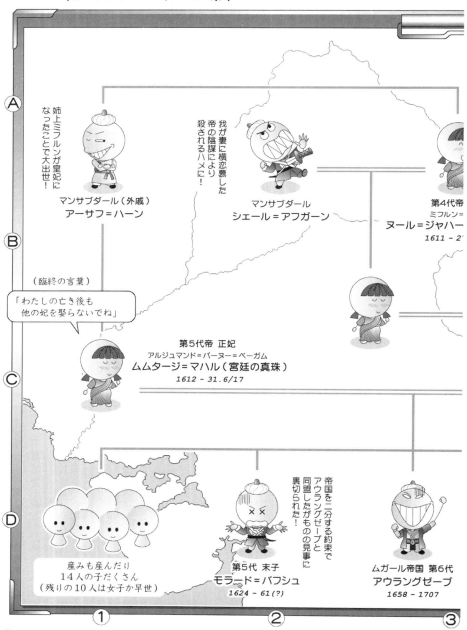

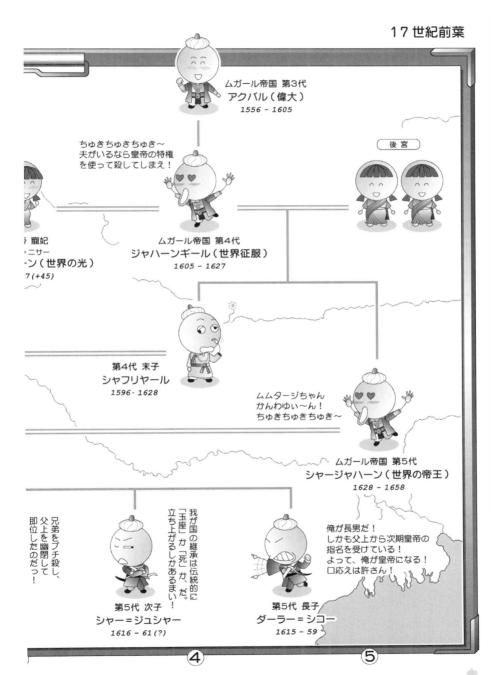

こうしてオスマン帝国もサファヴィー朝（デブレット）も、絶頂期の皇帝亡きあとも一応表面上は安定しているように見えましたが、その内情たるや、凡愚な皇帝・宮廷の腐敗・相次ぐ内乱・外圧に苦しむ17世紀を歩んでいきました。

　まるで示し合わせたかのように。

　では、17世紀を代表するイスラーム三大帝国、最後の一角を成すムガール帝国（グーラカーニー）（＊01）はどうだったでしょうか。

　やはり、オスマン帝国やサファヴィー朝（デブレット）と同じ歴史をたどるのでしょうか、それともまったく異なる歴史を歩むのでしょうか。

　サファヴィー朝がアッバース大帝（ボゾルグ）（1587～1629年）の下で絶頂を迎えていたちょうどそのころ、ムガール帝国（グーラカーニー）も時を同じうしてアクバル大帝（マハーン）（1556～1605年）（A-4）の下で絶頂を極めていました。

　もしムガール帝国（グーラカーニー）が、オスマン帝国やサファヴィー朝（デブレット）と同じ歴史をたどるとするなら、彼のあとを継ぐ皇帝（グーラカーン）は無能のはずですが、果たせる哉、次帝ジャハーンギール（1605～27年）（A/B-4）はやはり無能でした。

マンサブダール（外戚）
アーサフ＝ハーン
姉上ミフルンが皇妃になったことで大出世！

マンサブダール
シェール＝アフガーン
我が妻に横恋慕した帝の陰謀により殺されるハメに！

（＊01）「ムガール帝国」という国名は"モンゴル帝国"という意味の他称で、自らは「グーラカーニー」と自称していました。

（＊02）ケシの実から採取される麻薬で、これからモルヒネやヒロインが精製できる。

凡そ「名君の子が名君であることはない」という原則はここでも忠実に履行されることになります。
　ジャハーンギール帝は、毎日酒色にふけったばかりか、阿片(＊02)まで愛飲してつねに酩酊状態。
　そのためかひどい癇癪持ちで、普段はやさしい性質なのに些細なことで怒り狂って残忍な行為を繰り返すという有様。
　ただし、こうした愚帝はほとんどの場合「酒色と女色はセット」で語られるものですが、彼の場合はめずらしく女色に溺れることなく、皇妃ヌール＝ジャハーン(＊03)（A/B-3）一筋。
　ところが今度は、それが昂じて政治まで皇妃に任せきりにしてしまう。
　いつの時代もどこの国も、帝が妃に政治を任せきりにすれば、それはたちまち宮廷腐敗の温床となるもの。
　こたびもご多分に漏れず、ヌール＝ジャハーンは外戚(＊04)で重職を独占しはじめました。

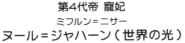

(＊03)「世界の光」の意。先帝アクバルの侍女をしていた彼女に横恋慕したジャハーンギールは、夫のシェール＝アフガーンを謀殺し、未亡人となった彼女を妃としている。

(＊04) 皇后または皇太后の親戚のこと。特に弟のアーサフ＝ハーンは将軍・高官・宰相などを歴任して、権勢を誇った。

　のみならず、自分の弟アーサフ＝ハーン（A/B-1）の娘・ムムタージ＝マハル（C-1）を皇子のひとりフッサム[*05]（C-5）に嫁がせることで権勢は頂点に達します。

　うまい具合にフッサムはムムタージにベタ惚れ、うまく皇太子まで取り込むことに成功した彼女は、やがて勅令書や硬貨に自分の名を刻ませる[*06]ようになり、宮廷ではもはやどちらが皇帝(グーラカーン)かわからぬように。

　事ここに至って彼女の権勢は絶頂を極めました。

　しかし、やがてジャハーンギール帝の阿片(アヘン)の中毒症状が悪化し、手が震えて自分で杯も呑めないほど病んでくると、一気に「後継者問題」が注目(クローズアップ)されるようになります。

（＊05）のちの第5代シャージャハーン帝です。

（＊06）イスラーム世界では、硬貨に支配者の名を刻む習慣があります。
　　　　したがって硬貨に彼女の名が刻まれたということは重要な意味を持ちます。

（＊07）理由はいろいろ考えられます。フッサム自身がヌール＝ジャハーンとは距離を置きたいと考えていた、あるいは夫の愛を独占したいムムタージの反対があったのかもしれません。

とはいえ。

ジャハーンギール帝には息子が4人いましたが、長兄フスローは盲目、次兄パルヴィーズは父親と同じアル中、末弟シャフリヤール（B/C-4）は知的障害があったため、事実上「三兄フッサム以外にない！」という情勢。

しかし、このまま順当にフッサムが次期皇帝（グーラカーン）となれば、意気軒昂・血気盛んな彼がヌール＝ジャハーンに政治を任せておくはずもなく、彼女の栄華もこれまでとなることは明らか。

初め彼女は、前夫との娘（B/C-2/3）をフッサムに嫁がせることで、その取り込みを図りましたが、これはフッサムに拒否されてしまいます[*07]。

そこで、娘は末弟シャフリヤールに嫁がせ、さらにフッサムにデカン遠征を命じて中央から遠ざけ、シャフリヤールを次帝とするべく策動をはじめます。

知的障害のあるシャフリヤールなら、これを意のままに操って、その後も権勢を我が物にできる。

こうした情勢の中、ついにジャハーンギールが薨去（こうきょ）。

ヌール＝ジャハーンはただちに義子シャフリヤールを即位させましたが、彼女にとって想定外なことに、ここで実の弟アーサフ＝ハーンがフッサムに味方[*08]してしまったため彼女は孤立、シャフリヤール軍は撃破され、ついに彼女の権勢は終わりを遂げます[*09]。

第4代 末子
シャフリヤール

（*08）系図を見ればわかるように、弟アーサフ＝ハーンは、自分の娘をフッサム（シャージャハーン）に嫁がせていたため、彼が皇帝となれば、自分の娘が皇后、孫が次期皇帝となるため、姉から離反しました。

（*09）ムガール帝国においては、政争に敗れた者は目を潰されるか殺されるのが慣例ですが、ヌール＝ジャハーンは幽閉されるのみで天寿を全うしています。

こうして政敵(ライバル)を蹴落としたフッサムは、1628年、名を「世界の帝王(シャージャハーン)」と改めて即位、新しい時代に踏み出すことになりました。
　彼はその歓びを表すかのごとく、さっそく宝石を散りばめ贅(ぜい)の限りを尽くした玉座（＊10）を作らせましたが、その玉座が完成する前に、彼に人生を変えるほどの悲劇が襲いかかります。
　シャージャハーン帝（1628〜58年）がもっとも愛し、もっともその悦びを分かち合いたいと願う女性ムムタージ＝マハルが、即位からわずか3年後に急死（1631年）してしまったのです。
　その夫婦愛の成果か、彼女は14人もの子を産みましたが（＊11）（D-1/5）、最後の子を出産したとき、産後の肥立ちが悪く危篤に陥ったのでした。
――嗚於(おお)、ムムタージ！！　死んではならぬ！
　そんなことは余が許さぬぞ！
　妃の命を救ってくれた者には帝国(グーラカーニー)をくれてやってもよい！
　誰ぞ、帝国(グーラカーニー)一の名医を呼べ！
　しかし、帝(グーラカーン)の願いもむなしく、彼女は恢復(かいふく)することなく最期にこう言い遺して亡くなりました。
「陛下。
　私が死んだあとも他の妃を娶(めと)らないでくださいましね？」（＊12）（C/D-1）
　享年37。
　シャージャハーン帝の哀しみは、一気に白髪化したほどだったといいます。
　しかしながら、死に臨んでの彼女の最期の願いは叶えられることはありませんでした。

（＊10）所謂「孔雀の玉座」。たかが玉座ひとつになんと7年もの歳月をかけて作らせています。
（＊11）ただし、そのほとんどは早世したか女子で、成人した男子はたった4人だけでした。
（＊12）これは「自分の死後も帝を独り占めしたいという女心」として語られることが多いですが、実際は「我が子を次期皇帝にしたいという親心」の方が強かったと思われます。生前、彼女は他の妾が妊娠すると、これを流産させたほどでしたので。

第1章 最後の煌めき

第3幕

礎を崩す愚行
シャージャハーン帝

ジャハーンギールの跡目を継いだのは三男シャージャハーン。彼は最愛の妻ムムタージを失って以来、女色に溺れ、贅(ぜい)の限りを尽くした宮殿建設に入れ込み、異教徒を弾圧して叛乱を誘発させ、帝国(グーラカーニー)を傾かせていくことになる。その彼が危篤となったとき、彼の4人の息子たちが血で血を洗う熾烈な帝位争奪戦に入った。

ムガール帝国 第5代
シャージャハーン

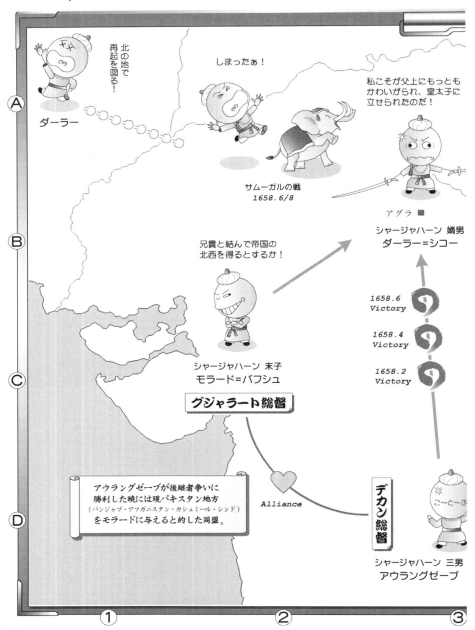

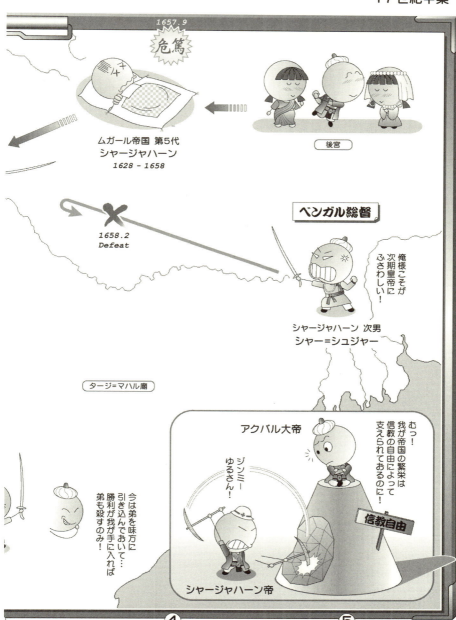

ム　ムタージ＝マハルを失ったシャージャハーン帝は、その哀しみを埋めよ
うとしたのか、以降、彼女の遺言を破って女色に耽るようになります。
　側室を増やし、後宮に入り浸り（A-5）、それどころか一説にはムムタージの
面影のある実の娘（ジャハーナーラー）にまで手をかけたともいわれています。

後宮

　のみならず、宮殿建設に湯水のように国庫を注ぎ込み（＊01）、ついには帝都
アグラ（A/B-3）では飽き足らなくなったのか、それともムムタージとの想い出
深い都を離れたかったのか、10年もの歳月をかけてデリーに新都を建設し、こ
こに遷都（1648年）してしまいます。
　ところで。
　すでに前巻（＊02）にて詳説しておりますからここでは詳しく述べませんが、
インドでは7世紀にヴァルダーナ朝が滅亡して以来、なんと900年にもわ
たって諸小国割拠と短期政権がつづく動乱の世がつづいていました。

（＊01）大きな買い物でストレス解消を図ることは現代でもよくあることですが、彼の建設ラッ
　　　シュもその一環かもしれません。
（＊02）『世界史劇場 イスラーム三國志』（ベレ出版）
（＊03）宗教が違えばまるで価値観・行動規範・習慣が異なるため、通常、ムスリム同士、キリス
　　　ト教徒同士、仏教徒同士としか結婚しません。

まず最初の500年ほど、ヒンドゥスタン平原（北インド）に統一王朝が現れない時代（ラージプート時代）がつづき、12世紀になってようやく統一王朝（ゴール朝）が生まれはじめたものの、それ以降も政情不安は収まることなく、アクバル大帝（マハーン）が登場するまでの400年間にわたって短期政権（デリー＝スルタン朝）がつづきました。

　中国史上もっとも長い動乱時代である「春秋戦国時代」が550年、日本の「戦国時代」が100年であることを考えれば、その長さが際立ちます。

　それほど長きにわたって混迷をつづけ、何人（びと）たりとも安定政権を築けなかったインドだったのに、アクバル大帝（マハーン）（C/D-5）が登場するや、たちまち安定的な統一王朝となれたのはなぜでしょうか。

　その大きな理由が、彼が異教徒（ジンミー）に「信教の自由（D-5）」を与えたこと。

　民族の坩堝（るつぼ）、宗教の坩堝（るつぼ）たるインドにおいて、特定の宗教にのみ重きを置いて他宗教を弾圧すれば、それはすさまじい反発となって国を乱します。

　特にインド土着宗教のヒンドゥー教と、8世紀以降インドに入ってきたイスラームとの宗教対立は国を揺るがす問題となっていました。

　ならば異教徒（ジンミー）にも「信教の自由」を与えればよいだけのことですが、歴代君主にはそれがどうしてもできませんでした。

　宗教に生きる者にとって「信仰こそがすべてに優先」するため、そうとわかっていてもなかなか実行に移せないためです。

　しかし、アクバル大帝（マハーン）はこれを実行に移します。

　具体的には、自らはムスリム（イスラーム信者）であるにもかかわらずヒンドゥー教の藩王（ラージャ）の娘と結婚（*03）し、さらに巡礼税（*04）を廃止し、ついには人頭税（ジズヤ）（*05）までも廃止し、異教徒（ジンミー）との融和を図ったのです。

（＊04）ヒンドゥー教とが聖地に巡礼する際に支払わされた税。ヒンドゥー教徒から「神への祈りに税を課すなど、神への冒瀆行為である！」と怒りを買っていました。

（＊05）異教徒だけに課せられた「不信仰税」。異教徒の頭数分だけ課せられたため「人頭税」と当てられます。イスラーム世界において税制の根幹であり、どんなに異教徒に寛容な王朝もジズヤだけは廃止しません。アクバルのジズヤ廃止がいかに特異事例かがわかります。

言葉にすれば簡単そうに見えることかもしれませんが、歴代誰ひとりとして成し得なかったことで、実際アクバル大帝(マハーン)がこれらの政策を打ち出したときも、重臣たちがこぞって猛反対したものです。
　こうした"常識"でガチガチに凝り固まった人たちの猛反発を抑え込み、既成観念を打ち破った思いきった政策(＊06)を打ち出したことで、帝国(グーラカーニー)内の叛乱はピタリと収まり、ようやく「900年の動乱」は収束したのでした。
　900年ぶりの平安、すべては「信教の自由」の賜(たまもの)。
　ところが。
　この"帝国(グーラカーニー)繁栄の礎(いしずえ)"といってもよい「信教の自由」を、シャージャハーン帝は否定しはじめます。
　まずは、異教寺院の改修や建設を制限。
　さらに、異教徒を捕らえてはムスリムへの改宗を迫り、これに応じない者は処刑していきました(＊07)。

（＊06）活路が拓けず、打開に苦しんでいるときというのは、「常識的な方策」ではうまくいかないことを意味しているのですから、"常識を打ち破る"策を打ち出すことが唯一の打開の道なのですが、それを実行に移すことができる者はきわめて少ない。

（＊07）それはイスラームが「啓典の民」として尊重しているキリスト教徒に対しても同様でした。

シャージャハーン帝は、自らの手で"帝国繁栄の礎(グーラカーニー)(いしずえ)"を破壊していったのです。(D-4/5)。
　これにより"帝国(グーラカーニー)の屋台骨"が揺らぎはじめ、これに反発して相次いで起こった叛乱を、帝(グーラカーン)は己(おのれ)の愚行に気づくことなくただ軍事力でねじ伏せようとするのみ。
　しかし、叛乱を力づくで押さえつけたことが結果的に帝国領の拡大につながり、また、帝都を見ればつぎつぎと壮麗な宮殿が建てられていくため、傍(はた)から見ている分には、「ムガール帝国(グーラカーニー)はいよいよ繁栄を極めて」いるように見えました。
　しかし。
　何事も「大きければよい」というものではありません。
　人間でも、不摂生と暴飲暴食を繰り返してブクブクと太り、どれほど体が大きくなっても、脂肪肝・糖尿病・動脈硬化を併発している状態が「健康」とはいえないように、このときのムガール帝国(グーラカーニー)もたしかに図体こそ大きくなりましたが、すでに"物言わぬ臓器"が蝕まれはじめており、やがてそれが悲鳴を上げたとき、帝国(グーラカーニー)は一気に崩壊をはじめることになります。
　「大きい」とはいっても、アクバル大帝(マハーン)の時代のように「諸藩が自ら進んで心服して支配下に入った領土」ではなく、「力で無理やりねじ伏せただけの領土」ですから、殆(あや)ういことこの上なし。
　やがてシャージャハーン帝も齢60を越え、精力に衰えを見せるようになっても、精力剤に頼ってまで後宮に入り浸りつづけましたが、その薬が元でついに1657年9月、彼は危篤に陥ります[*08](A-4)。
――皇帝(グーラカーン)危篤！

(＊08)精力が衰えるのは、筋力・体力から内臓その他が性行為に耐えられないほど衰えてきているからです。それを薬の力で無理やり活性化させるのですから、その負担が命を削ることになるのは当然のことです。
　　　しかし、こうした自然の理を無視し、精力剤を飲んで寿命を縮める者はシャージャハーンに限らず、皇帝から下々の者に至るまで古今東西あとを断ちません。

この報に、息子たちに緊張が走ります。

　ムガールでは、伝統的に「皇帝の死」は則ち"帝位争奪戦"開始の法螺（ほら）の音。

　長男、嫡男、皇太子などの地位は関係なく、兄弟による殺し合いに勝ち抜いた者だけが新皇帝（グーラカーン）となる権利が与えられるためです。

　今回、その候補は以下の４人。

- 嫡男ダーラー＝シコー　：帝都周辺を支配基盤とし、父シャージャハーンに
  （A/B-3）　　　　　　　もっとも愛された子。皇太子。父の下で過ごして
  　　　　　　　　　　　いたためか気位が高く、戦争経験に乏しかった。
- 次男シャー＝シュジャー：ベンガル総督。すぐれた才を持ち合わせながら女
  （B-5）　　　　　　　　色に耽る毎日で人望がなかった。行動派。
- 三男アウラングゼーブ　：デカン総督。父から疎まれ、遠く辺境地に追いや
  （D-3）　　　　　　　　られていた。慎重派。
- 末子モラード＝バフシュ：グジャラート総督。すぐれた軍人だったが、享楽
  （B/C-2）　　　　　　　を追い求める自堕落な性格。

　皇太子指名を受けていたダーラーは、東に次男・南に三男・西に末子（ベンガル　シュジャー　デカン　アウラングゼーブ　グジャラート　モラード）と、帝位を狙う弟たちに囲まれる形で挑まれます。

　ダーラーは、まだ父君が亡くなってもいないうちから皇帝（グーラカーン）を僭称して東（ベンガル）から迫ってきたシュジャーを撃破（１６５８年２月）（B-4）したものの、今度はアウラングゼーブ（D-3）とモラード（C-2）が手を組んで（D-1/2）連合軍で挑んでくると、これを前にして３度（みたび）戦い、３度敗れてしまいます（＊09）（C-3）。

　３度目のサムーガルの戦では緒戦こそダーラー軍が有利に兵を進めていたものの、ダーラーの乗る軍象の輿（ハウダー）が被弾（A-2）してしまったため馬に乗り替えたところ、空となった輿を見た兵らが「大将討死（うちじに）！」と勘違いし、総崩れしはじ

（＊09）１６５８年の２月と４月（ダルマートプルの戦）と６月（サムーガルの戦）。

（＊10）日本では「大坂夏の陣」でも、一時は豊臣が押していたのに、そのタイミングで大野治長が千成瓢箪の馬印を掲げたまま大坂城に戻るという大失態を犯し、これを見た兵が「豊臣軍敗退！」と勘違いして総崩れを起こした ―― という説があります。戦というものは将棋と同じで、全体的にどんなに優勢であっても「王将」を取られたらその時点で「敗け」です。

第3幕　シャージャハーン帝

めてしまう(＊10)という戦運びの拙さ。
　ここ一番で経験の浅さが出てしまった形です。
　こうしてアウラングゼーブが揚々アグラに入城してみると、父帝(シャージャハーン)は危篤状態から回復(かいふく)していました。
　しかし、
　──ここまで来て、もはやあとには退けぬ！
　彼はそのまま父帝(シャージャハーン)を幽閉し、北に逃れたダーラー(A-1)・東のシュジャーを討ち、天下を掌握します。
　帝位を簒奪され、アグラ城の一室に幽閉されたシャージャハーン(次幕A-5)は、部屋の窓から見える妃の霊廟「タージマハル廟(次幕A-4)」を眺めつつ、娘ジャハーナーラーに付き添われて余生(＊11)をすごすことになったのでした。

(＊11)1658年7月から66年2月までの約7年半。

Column さまざまな君主号

　一般的にその国の君主号で国体を表します。
　皇帝の統べる国は「帝国」、王の統べる国は「王国」。
　しかし、事はそう単純でもなく、世界中さまざまある君主号を、何を以て「皇帝」、何を以て「王」に分類するかは意見の一致を見ません。
　ヨーロッパでは一般的な君主号である「king」には「王」の訳語を、古代ローマで最高軍司令官となったカエサルに由来する「emperor」「kiser」などの帝号には「皇帝」の訳語を当てて呼ぶ習慣がありますが、その他の地域における君主号をどう訳すべきかではいまだ一貫性がありません。
　たとえば、本書でも登場するオスマン帝国・サファヴィー朝・ムガール帝国は、それぞれ「スルタン」「シャーハンシャー」「グーラカーン」という君主号を使用していましたが、これをどう訳すべきか。
　一般的にこれらはすべて十把一絡に「皇帝」とされ、その統べる国は「帝国」と訳されていますが、これらの君主号はそれぞれ由来の違う概念ですから、正確を期すなら、それぞれ「スルタン国」「シャーハンシャー国」「グーラカーン国」と呼ぶべきところです。
　他にも、古代エジプトでは「ファラオ（王）」、エチオピアでは「ネグサナガスト（皇帝）」、中世ペルシアでは「バシレウス（王）」、アッバース朝では「カリフ」、中央アジアでは「可汗」、古代モンゴルでは「単于」、インドでは「マハーラージャ（皇帝）」、そして我が国日本は「天皇」という君主号を使用しています。
　しかし、それらを厳密に表現するとさまざまな問題が発生するため、凡そ「単一民族を支配する国」を"王国"、「多民族を支配する国」を"帝国"と呼び習わしています。
　同じ「スルタン国」でも、国によって「王国」と訳されたり「帝国」と呼ばれたり、あるいは本人が「皇帝」と自称しているにもかかわらず「王国」と訳されたりする（エチオピアなど）のはそのためです。

第1章 最後の煌めき

第4幕

生真面目ゆえに
アウラングゼーブ帝

兄弟殺しの汚名を背負い、父帝シャージャハーンを幽閉して即位したアウラングゼーブ帝は、酒も阿片（アヘン）もたしなまず、贅沢をせず質素倹約を心がけ、自分に厳しく他人に寛大、敵には勇敢で味方には慈しみを忘れぬ皇帝（グーラカーン）となった。しかし、そんな仁徳高き皇帝（グーラカーニー）の下で、帝国（グーラカーニー）は音を立てて崩れ落ちていくのであった。

アグラ城の窓から見える
愛妃の廟を眺めるのが
余の唯一の楽しみじゃ…

アグラ城

〈アウラングゼーブ帝〉

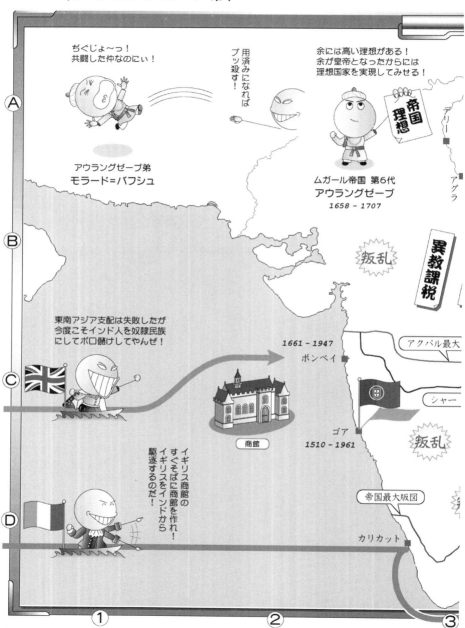

天下を掌握したアウラングゼーブ（A-2/3）にとって、すぐに邪魔となったのが兄たちを討つまで手を組んでいた弟のバフシュでした。
── 両雄並び立たず。

彼はただちにバフシュを幽閉（＊01）（A-1）して即位。

彼は先帝が亡くなったことでその跡を継いだのではなく、まだ先帝存命中に帝位を簒奪したため、即位後「世界を奪った者」という帝号を名乗りましたが、彼の場合は即位後も慣習的に本名「アウラングゼーブ」で呼ばれます。

ところで彼は巷間、ムガール帝国の「絶頂期の皇帝」として知られています。

しかしながら、17代332年にもおよぶ長い歴史の中で、政治経済がもっとも安定していたのはアクバル大帝の御世であり、文化建築がもっとも華やいだのはシャージャハーンの御世であり、いずれも彼の御世ではありません。

ではなぜ彼がそう謳われるのでしょうか。

じつは、単に彼の治世に帝国が「最大版図」を形成したからにすぎないのですが、前幕でも言及いたしましたとおり、「最大版図」だからといって国が繁栄・安定していたとは限りません。

アウラングゼーブ弟
モラード＝バフシュ

ムガール帝国 第6代
アウラングゼーブ

(＊01) デリーにあるサリームガル城に3年ほど幽閉されたのち、1661年に処刑されました。

むしろ政情不安に陥ると、時の政府は国内問題を封殺するために相次ぐ外征を実行することが多く、それが結果として「最大版図」となることは珍しくありません。

したがって、「膨らみつづける風船」が破裂するのはその"最大時"であるのと同じように、国家が「最大版図」となったときは、国内問題が爆発寸前であることが多く、「最大版図」はその国の「絶頂期」の証でもなければ、君主が「名君」であるお墨付きともなりません。

では、"外"から見たとき「最大版図」を形成して意気軒昂(けんこう)たるアウラングゼーブ帝の御世は、"内"から見たときの「真の姿」はどのようなものだったのかを具体的に見ていくことにいたしましょう。

まず、彼の「皇帝としての資質」は如何なものだったのでしょうか。

ムガール帝国(グーラカーニー・グーラカーン)は皇帝が亡くなるたびに血で血を洗うような皇子(おうじ)同士の殺し合いが起こり国を乱しましたから、「在位が長い」というだけで国の安定に一定の寄与をすることになります。

その点、アウラングゼーブ帝は40歳という新帝としてはかなり高齢で即位したにもかかわらず、その治世はなんと半世紀近く(*02)に及びましたから、その意味では帝国(グーラカーニー)の安定に貢献したといえるかもしれません。

さらに彼は、14歳のときに「怒り狂う象に立ち向かった」という逸話を持つほど勇敢で、それでいてたいへん生真面目な性格。

先帝(シャージャハーン)と違って帝位に就いたあとも酒や阿片(アヘン)に溺れることもなく、豪奢(ごうしゃ)な宮殿建設で国費を浪費することもなく、倹約を旨として宝石も身につけず、質素な衣服をまとい、自分に厳しく他人に寛大、敵に対しては勇敢でありながら身近な人に対しては穏和な性格で、貧しい者には施しを与える ── という、帝王としてまさに最高の資質を備えていたと言えます。

「それならば、さぞや"名君中の名君"としてこの国を盛り立てたであろう！」と思いきや。

(＊02) ほぼ17世紀後半にあたる1658年〜1707年の49年間。

じつは、彼こそムガール帝国(グーラカーニー)を崩壊に導いた"元凶"となります^(＊03)。
　なぜこんなことになってしまったのか。
　じつは、彼のその"融通の利かない生真面目さ"こそが帝国(グーラカーニー)の災いとなっていったのでした。
　政治に限らず組織運営というものは、つねに変化する情勢を観ながら臨機応変に「柔軟性」「寛容性」を旨として対応していかなければなりません。
　それができる組織が発展し、それができない組織が崩壊するのみです。
　アクバル大帝(マハーン)（3代）はそうした能力に優れ、あくまで"理想"は「スンニ派ムスリム帝国」であったとしても、当時の帝国(グーラカーニー)の"現実"に鑑(かんが)みれば、異教徒(ジンミー)と妥協し、彼らに「信教の自由」を与えるより途はなく、彼のこうした柔軟性・寛容性こそが帝国(グーラカーニー)に繁栄をもたらしたのでした。
　しかし、生来、生真面目で融通が利かない四角四面なアウラングゼーブ帝にはどうしてもここのところが理解できません。
　── 余の"理想"は「スンニ派ムスリム帝国」を築きあげることである！
　　したがって、これを"現実"とするため、異教徒(ジンミー)の存在は認めぬ！
　アクバル大帝のような「柔軟」「寛容」政治とは対極の、異教徒(ジンミー)を認めないどころか、同じムスリムであろうとシーア派すら認めません。
　すでに先帝(シャージャハーン)のころから異教徒(ジンミー)への抑圧は始まっていましたが、それはあくまでも「異教寺院の新築・修築の禁止」に留められており、少なくとも現状は守られましたが、アウラングゼーブ帝はこれを推し進め、「既存の異教寺院の破壊」を命じたばかりか、さらに、巡礼税はもちろん人頭税(ジズヤ)まで復活させ、異教徒(ジンミー)への大増税を強行します（B-3）。
　こんな硬直した排他的な政治を強行すれは、すさまじい叛乱となって返って

（＊03）このことは、晩年になってアウラングゼーブ帝本人が認めています。
（＊04）デカン高原を中心に領土を拡げ、アウラングゼーブ帝即位時より帝国領25％増。
（＊05）アクバル大帝時代の歳入は15万ルピーに満たなかったのに、アウラングゼーブ帝の晩年には33万ルピーにまで膨れあがっていました。その要因としては、領土の拡大だけではなく、増税（巡礼税・人頭税の復活）や新田開墾といった背景もあります。

くることは火を見るより明らかでしたが、これに対し彼が取った対策は、先帝同様「力でねじ伏せる」一辺倒。
そこになんの創意工夫もない。
こうして、アクバル大帝(マハーン)が築きあげた"帝国(グーラカーニー)繁栄の礎"を完膚なきまで破壊され、半世紀におよぶ彼の治世は、つねに帝国(グーラカーニー)のどこかで叛乱が起きている状態(B/C-3/4)で、どこかでひとつ叛乱を制圧したと思ったら、別のどこかでふたつ新たな叛乱が起こるような騒乱状態。
したがって彼は、玉座を温める暇もないほどの各地転戦を強いられることになりましたが、それが結果的に「ムガール帝国(グーラカーニー)史上最大版図(*04)(D-3)」となっただけです。
これが「絶頂期の皇帝」と呼ぶに相応しいでしょうか。
また、新しく手に入れた領地からの税収が加わり、その歳入はアクバル大帝(マハーン)時代の倍以上(*05)となりましたが、たとえ歳入が倍になろうが常態化した戦争のために支出はそれ以上となって財政は逼迫(ひっぱく)、また皇帝(グーラカーン)がつねに帝都(デリー)を留守にしつづけたことで領土が増えても肝心の中央の統治が弛緩(しかん)し(*06)、じわじわと

(*06)神聖ローマ皇帝フリードリッヒ1世(1152〜90年)も、「名君」と謳われながら中央を疎かにして対外戦争(イタリア戦争・十字軍遠征)に狂奔したため、却って帝国を傾かせています。歴史は繰り返す。現代でも、店舗数拡大に執着しすぎて本部が倒れてしまう企業はあとを絶ちません。まさに「歴史に学ばぬ者はかならず亡びる」(W.チャーチル)。

帝国を蝕んでいくことになりました。

「弱り目に祟り目」とはよく言ったもので、そのうえ、帝国を滅ぼすことになる"癌細胞"がすでに国内に増殖しつつありました。

それがヨーロッパ勢がインドの沿岸各地に設置していた「商館」です。

その嚆矢となったのは、まだムガール帝国が生まれる前のこと、ポルトガルでした。

15世紀半ば、「大航海時代」に突入したポルトガルはついにアフリカ大陸を乗り越えてインド西岸のカリカット（D-2/3）に到達（1498年）(*07)し、その12年後（1510年）にはゴア（C/D-2/3）に商館が設置されました。

しかしながら、ポルトガルは「ヨーロッパ勢によるインド支配の嚆矢になった」とはいえ、その後、中国・東南アジア貿易に力を注ぐようになったため、インドにとって"大禍"とはなりません。

"大禍"となったのは、それから100年以上時代が下ったシャージャハーン帝の御世にやってきたイギリスです。

このころになると東南アジア支配に失敗(*08)したイギリスが、つぎにインド

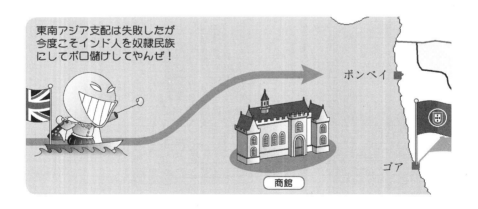

(*07) あの有名なヴァスコ＝ダ＝ガマの業績。
(*08) 1623年、「アンボイナ事件」でオランダに敗れて東南アジア方面から駆逐されています。
(*09) 現チェンナイ。

に目を付け、17世紀半ば、マドラス^(＊09)（C/D-3/4）・フーグリ^(＊10)・ボンベイ^(＊11)（C-2/3）と、つぎつぎと商館を設置^(＊12)しはじめましたが、まさかよもや、この小さな小さな"虫喰い（バグ）"が見る間に帝国（グーラカーニー）全土に拡がり、これを亡ぼすことになったばかりか、インド人を奴隷民族に貶め、地獄へと突き落とす濫觴（らんしょう）になろうとは、このときには夢にも思わなかったことでしょう。

　しかし、のちの衰亡の原因はすでに絶頂期の中に生まれているというのも、これ、歴史の定理です。

　アウラングゼーブ帝の御世になると、フランスもインドに進出しはじめ、1672年にはマドラス近郊のポンディシェリ（D-3/4）に、翌73年にはフーグリの南に隣接するシャンデルナゴル（B-4/5）にそれぞれ商館を設置し、他人（ひと）の庭先（帝国領内）で勢力争いを繰り広げはじめ、このころからいよいよ帝国（グーラカーニー）蚕食が公然と行われるようになっていきます。

　こうした過程で、一時帝国（グーラカーニー）と諍い（いさか）を起こしたイギリスはフーグリを駆逐されて（1690年）そのすぐ南のカルカッタ^(＊13)（B-4/5）に逃れることになり、以降はここを拠点としてベンガル支配を強めていくことになりました。

　このようなヨーロッパ勢による帝国（グーラカーニー）蚕食を許してしまった大きな原因が、先に触れた当時帝国（グーラカーニー）内に頻発していた叛乱です。

　アウラングゼーブ帝はこの鎮圧に忙殺され、ヨーロッパ勢に気を回す余裕がなくなってしまったのです。

　ちょうどムガール帝国（グーラカーニー）黄昏期に、時機（タイミング）悪くヨーロッパ勢の侵略が襲いかかったことがインドにとっての不幸でした。

　これがもしアクバル大帝のころであれば、ヨーロッパもインドに手出しでき

（＊10）フーグリはシャンデルナゴルと北に隣接しており、パネル地図では縮刷上表現できず載っていません。シャンデルナゴルとほぼ同じ位置だと思ってください。

（＊11）現ムンバイ。

（＊12）具体的にはそれぞれマドラスが1639年、フーグリが1651年、ボンベイが1661年。

（＊13）フーグリから南へ35kmほど下ったところにある町。現コルカタ。

なかったでしょう。

　さて。

　人は、若いころには理想に燃えるものですし、そのみなぎる気力(バイタリティ)で理想を阻む"敵(困難/試練)"と対峙することも苦になりません。

　また、若さ故に見識・視野も狭く、また目の前の"敵"を倒すことに精一杯で"現実(全体)"が見えていないのもある程度仕方のないことですが、それ故に「こうしてひとつひとつ目の前の"敵"を倒していけば、そのうち我が"理想"が達成されるだろう」くらいに楽観視してしまいがちです。

　しかし。

　人生というモノはそんな甘いものではなく、20年30年などという歳月はアッという間に過ぎ去り、気力(バイタリティ)あふれた精神も衰えを見せ、疲れ知らずで瑞々(みずみず)しかった肉体もみるみる老いさらばえた事実に逢着したとき、人は目の前に屹立(きつりつ)する"現実"に愕然とさせられます。

　アウラングゼーブ帝もそうでした。

　若いころには「理想を達成するのに充分な時間がある」ように感じられていた人生は、老いて初めて「あまりにも短い」という現実に人は茫然自失するのです。

「如何(いか)に望めど草木は地を歩まず、されど人も老いて働くを叶わず」

「道遠くして、日暮(したた)る」

　彼もまた、齢(よわい)90に近づいて初めて、自分が半世紀にわたって行ってきた政策が誤りであったことを悟り、臨終の数日前に我が子アーザムに認めた手紙の中で、彼の万感の想いが込められた言葉が綴(つづ)られています。

――嗚呼(ああ)！

　人生は矢のように過ぎ去り、老いが余の手足から力を削いでゆく。

　余は臨機応変に統治を行う能力に欠けていた。

　余の人生を振り返ることなど、恐ろしくてできぬ。（抄訳）

「自分が歩む先に"理想"があるはずだ」と信じて遮二無二突き進んできたアウラングゼーブ帝の目の前に拡がっていたのは、ただただ「荒廃した国土」でした。

　1707年3月3日、アウラングゼーブ帝、失意のうちに崩御。

　享年90。

果たせるかな、彼の死によって、その直後から帝位相続を巡る兄弟同士の殺し合いが始まります。

多くの地域を力づくでかろうじて押さえつけている情勢にあって、中央に内訌が起これば、もはや一気に帝国(グーラカーニー)が瓦解することは火を見るより明らかでした。

史家は332年もつづいたムガール帝国(グーラカーニー)（1526〜1858年）を前期（隆盛期）と後期（衰亡期）に分けたとき、彼の死（1707年）を以てその境とすることが多いのはそれゆえですが、実質的にはすでに17世紀の後半、彼の治世の真っただ中において帝国(グーラカーニー)の崩壊は始まっていたのでした。

こうしてムガール帝国(グーラカーニー)もまた、オスマン帝国(デブレット)・サファヴィー朝と歩調を合わせるかの如く、17世紀の後半には内在していた国内問題が一気に噴出し、18世紀の幕開けとともに衰亡の道を歩んでいくことになります。

「人生は矢のように過ぎ去り、
老いが余の手足から力を削いでゆく。
余は臨機応変に統治を行う
能力に欠けていた」

臨終間際
アウラングゼーブ

Column 「歴史」と「昔話」の違い

　初学者が歴史を学ぶとき、「オスマン史」「ペルシア史」「ムガール史」など、国ごとに通しで学んだ方が物語(ストーリー)を追いやすく、歴史を理解しやすいように感じるかもしれません。

　しかしながら、こうした学び方で得られるのは、文字通り「物語(ストーリー)」にすぎず、「むかしむかしあるところに～」という"昔話"の域を出ません。

　本人は「物語(ストーリー)を知った」ことで"歴史"がわかったような気になってしまいますが、哀しいかな、巷間こうした「歴史」と「昔話」の区別が付いていない人は多い。

　世界史の理解には"横"との関係(つながり)の理解が絶対的に必須ですが、「一国史」の知識を束(つか)ねただけでは「歴史は同時代史的に呼吸を合わせるように動いている」ということがまったく理解できないためです。

　よく「高校世界史は各国史を束ねただけで"世界史"と呼べる代物ではない！」と批判があるのもここにあります。

　そうした理由にて、本書も「各国史」ではなく「同時代史」的に構成していますので、つねに同時代の他の国々の状況を意識しながら読み進めることをお薦めします。

- 第1章（17世紀）
  いまだ全盛期の余韻を残しつつも、内に矛盾が浸透していく時代。
- 第2章（18世紀前半）
  矛盾が一気に噴出しはじめ、内からの崩壊がはじまる時代。
- 第3章（18世紀半ば～1815年）
  イギリスで産業革命が興り、欧州列強の侵略が本格化する時代。
- 第4／5章（1815～70年代）
  産業革命が全欧に拡がり、イスラーム圏の解体と植民地化が進む時代。

　そして、『次巻』で扱う1870年代以降は、見る影もなく哀亡していき、現代のイスラーム世界へとつながっていきます。

　それでは、次章からは18世紀のイスラーム史の開幕です。

第2章 劣勢のイスラーム

第1幕

滅亡スパイラル
オスマン帝国衰亡法則(デブレット)

オスマン帝国(デブレット)六百有余年の悠久の歴史は、大きく前半四百年と後半二百年に分けることができる。前半は繁栄と安定の時代。後半は敗戦と近代化の時代。そして後半は「滅亡スパイラル」に入った二百年でもあった。本幕では、その歴史解説に入る前に「滅亡スパイラル」について解説する。

近代化だ！
この苦境を乗り越えるためには近代化しかない！

〈オスマン帝国衰亡法則〉

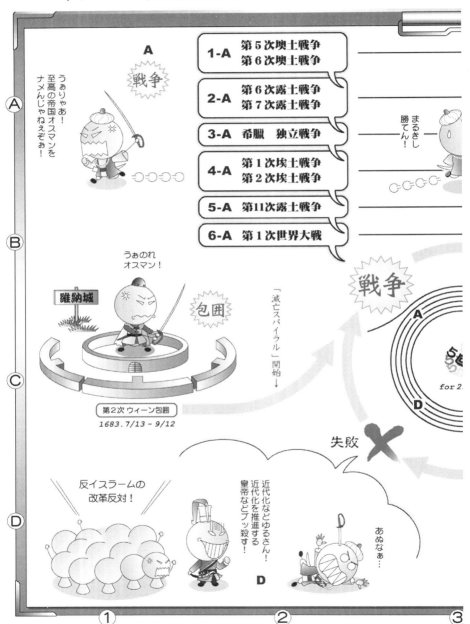

第1幕　オスマン帝国衰亡法則

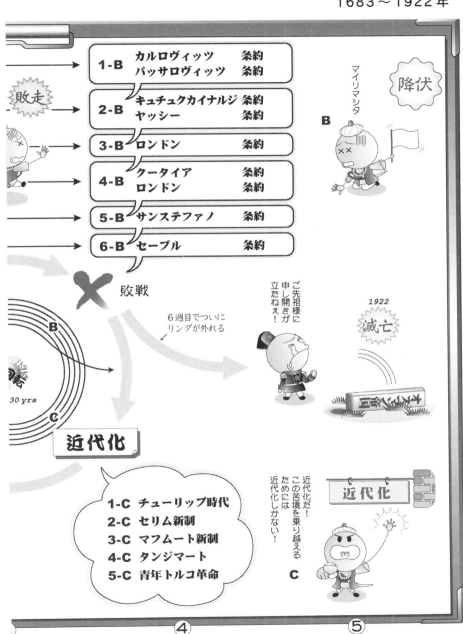

 ところで、新章に入るにあたって、以降の歴史を理解するための基礎知識について解説しましょう。
 人は、歴史を学ぶとき、ただ「物語(ストーリー)」を追ってそこで満足してしまい、「歴史を学んだ」気になってしまっている人は多いですが、それでは映画や小説を楽しんでいるのと同じで、「歴史を学んでいる」ことにはなりません。
 物語(ストーリー)を追うのは、歴史を学ぶ本当に初歩の初歩、はじめの一歩。
 問題はそこから「何を読み取り、何を学び取るか。そしてそれを人生にどう活かすか」です(＊01)。
 たとえば、本章からオスマン帝国(デブレット)の衰亡の歴史を追っていくことになりますが、ただ事実を綿々と追うのではなく、そこにどんな法則性があるのかを導き出す作業こそが「歴史を学ぶ」ことになります。
 そこで本幕では、本論に入る前に、あらかじめ「オスマン衰亡史の法則」を見ていくことにしましょう。

 オスマン帝国(デブレット)は、ヨーロッパ中世の1299年に生まれたかと思ったら、絶対主義時代にはアジア大陸・ヨーロッパ大陸・アフリカ大陸の三大陸を股にかけた大帝国として繁栄を極め、自由主義時代、帝国主義段階を乗り越え、そして20世紀まで生き延びた国です。
 これを日本史と照らし合わせるなら、鎌倉時代に生まれ、室町時代に拡大期に入り、戦国時代に絶頂期を迎え、"徳川三百年(＊02)"を生き延びて、明治を越え、大正年間に亡びたことになります。
 歴史を紐解けば、大帝国ほどその巨体を持て余して短期政権に終わることが多く、200年も保てばいいところ、300年つづくことすら稀有(けう)なのに、オスマ

(＊01) 予備校の講義でも、筆者は繰り返し生徒に諭します。
「歴史を暗記しようなどとゆめゆめ思うな。暗記して得た知識はそれがどれほど膨大な量であろうともクソの蓋の役にも立たん。歴史は体感しろ！ そしてその歴史の流れの中から共通点・法則性を見出し、本質を捉え、理解するのだ！ そうして得た習慣と知識だけが社会に出ても役に立つ"活きた知識"となる！」

ン帝国は600有余年もつづいたのですから脅威です。
その600有余年を時代区分すると、大きく分けて3期に分かれます。

- 第1期：1299～1571年までの約270年間。
   隆盛期。破竹の勢いで領土を拡大していった時代。
- 第2期：1571～1683年までの約110年間。
   安定期。ゆるやかに領土を拡大しつつ腐敗が浸透した時代。
- 第3期：1683～1922年までの約240年間。
   衰亡期。領土を失陥しながら滅亡に向かっていく時代。

ここまで、前巻『イスラーム三國志』から始まり「第2期」までのオスマン帝国の歴史を見てまいりました。

建国以来400年間、戦においてほとんど敗けなし、たとえ一敗地にまみれることがあってもかならず次で取り返してきました。

ところが、1683年の第2次ウィーン包囲（C-1）を境としてガラリと様相が変わります。

（＊02）徳川幕府が「長かった」ということを強調した表現で、実際には264年。

それはもう、「これがあの無敵オスマンか！？」と我が目を疑うほどの連戦連敗（A-3）。

以降、滅亡（C-5）までの240年間はひとつの"法則性"を示しつつ、滅亡へと転げ落ちていくことになります。

それこそが本幕パネルの「滅亡スパイラル（C-3）」です。

建国以来400年、第5次・第6次 墺(オーストリア) 土(トルコ) 戦争（A-2）と、初めて同じ相手に連敗（A-4）を喫したオスマン帝国は、この"現実"を前にして自国の後進性を自覚し、「近代化」に入りました（D/4）。

しかし、これが「滅亡スパイラル」の始まり（C-2）となります。

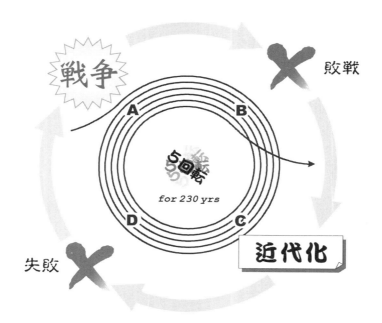

(＊03) 19世紀の清朝もオスマンと同様、「洋務運動」「変法運動」「光緒新政」と3度にわたる近代化に挑戦しましたがことごとく失敗し、滅亡しています。
　これに対して、日本はたった一度のチャンス「明治維新」を成功させ、滅亡を免れました。

(＊04)「専務の地位にあった者がある日突然ヒラに降格され、昨日までアゴで使ってきた課長に頭を下げねばならなくなった状況」を想像してもらえると理解しやすいかもしれません。

オスマン帝国はこののち幾度となく近代化(デブレット)に挑戦しますが、どうしてもこれを成功させることができません(＊03)。
　その理由のひとつは、オスマンの自尊心(プライド)。
　オスマン帝国はこれまでつねに政治的にも経済的にも文化的にも「強国」「超大国」「一等国」として君臨し、今までさんざん欧州(ヨーロッパ)を見下してきたのに、今更これに「教えを請う」「倣う」など自尊心(プライド)が許さず、改革がスムーズに浸透しにくい側面がありました(＊04)。
　しかしもっとも大きな理由は、彼らの宗教「イスラーム」そのもの。
　欧州(ヨーロッパ)文明はキリスト教理念を根幹として構築されてきたため、「ヨーロッパの文物を取り入れる」ということは「キリスト教理念を受け容れる」ことを意味します(＊05)。
　しかし、「自分たちの宗教(イスラーム)こそが唯一の正しい宗教」と信じて疑わないムスリムは、このことにどうしても拒絶反応を引き起こしてしまうのです。
　こうして、せっかく帝国を再生するべく「上からの(＊06)近代化(デブレット)」が実行され

6週目でついにリングが外れる

ご先祖様に申し開きが立たねえ！

滅亡

(＊05) 明治維新が「キリスト教化」を伴わずに近代化に成功したのには別に理由があるのですが、それについて説明するためには、それだけで1冊の本になってしまうほどなので、ここでは割愛します。

(＊06) 支配者階級（君主・官僚）が中心となって実施される動きを指す言葉。
　　　これに対して、民衆が中心となって行われる場合は「下からの〜」と言います。

ても、かならず下（民衆）から「反イスラーム反対！」の猛反発が巻き起こって潰される（D-1/2）——が繰り返されることになります。

　通常「改革」とういものは、「下（民衆）」が要求して「上（政府）」がこれを封じようとする構図が多いものですが、オスマンではこれが逆。

　近代化に失敗すれば、当然、次に戦争が起こっても負けますから、そのたびに領土を失陥して帝国領は縮小の一途。

　そこで「やっぱり近代化が必要だ！」という自覚から再度近代化に挑戦しますが、同じ理由で失敗。

　だから、次の戦争でまた敗れる。

　オスマン帝国史「第３期」は、こうした"滅亡スパイラル(デブレット)"を220年ほどかけて5周した（C-3）あと、6周目に入ったところでこのリングが外れ（C-4）、滅亡へと突き進んでいくことになりました。

　次幕以降のオスマン帝国を学ぶに当たっては、本幕の「オスマン衰滅法則」と照らし合わせながら、「この動きは"滅亡スパイラル(デブレット)"の何周目のどのあたりか」と確認しながら学ぶことで、オスマン帝国の歴史が手に取るように理解できるようになると同時に、「亡びる者は亡びるべくして亡びる」ということを実感することができるでしょう。

第2章 劣勢のイスラーム

第2幕

オスマン恐るるに足らず
第2次ウィーン包囲

18世紀から始まるオスマン帝国の衰亡は、すでに17世紀の後半にその原因が生まれていた。それは時の皇帝(デブレット)メフメト4世がスレイマン大帝のころを夢みてウィーン包囲を強行したことに始まる。これまでオスマン帝国(デブレット)に対して潜在的恐怖心を抱いていたヨーロッパが「オスマン恐るるに足らず」と気づいた瞬間でもあった。

今こそ十字軍を！
神聖同盟を結成するべし！

ローマ教皇 第241代
インノケンティウス11世

〈第２次ウィーン包囲〉

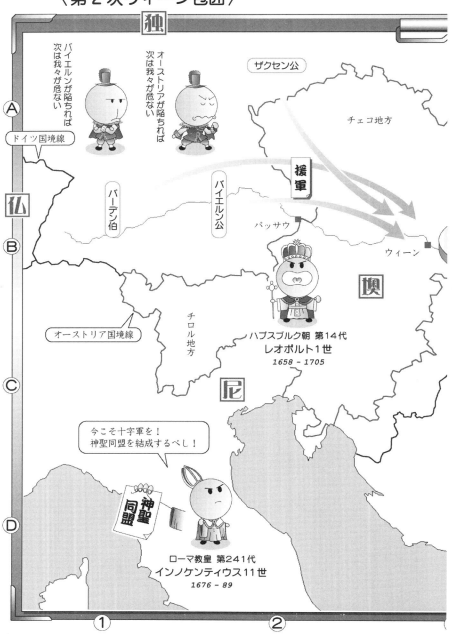

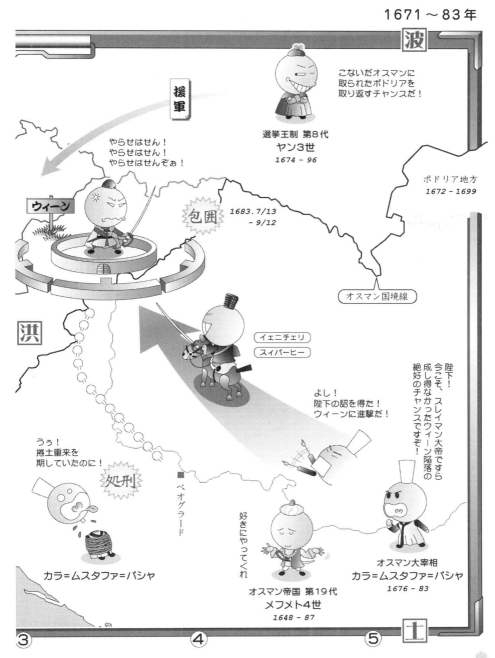

さまざまな国内問題を抱えつつも、17世紀いっぱいまではなんとかその威厳を保ってきたイスラーム世界。

しかし、18世紀に入るや、申し合わせたかのようにそれまで内在していた矛盾が一気に吹き出して崩壊していくことになります。

その動きを、まずはオスマン帝国(デブレット)から見ていくことにいたしましょう。

オスマン帝国(デブレット)はレパント海戦（1571年）に敗れて以降もゆるやかに膨張をつづけ、そのちょうど100年後、メフメト4世（D-4/5）の御世にポドリア地方（A/B-5）を併呑したことで帝国領は最大になっていました。

そしてその100年間、辺境で多少の小競り合いはあったにせよ、帝国(デブレット)は概ね泰平の世「Pax Ottomanica（オスマンの平和(バックス オトマニカ)）」を享受します。

しかし、忘れてはならないのは、苗木が椎茸(しいたけ)を育て、死肉から蛆虫(うじむし)が湧くように「平和こそが腐敗の温床」だという事実です。

オスマンがその長い平和を享受する中で、"無敵の軍隊"(イェニチェリ)（C-4）は腐敗を窮めていくことになります。

そもそもイェニチェリが強かったのは、「デウシルメ制(*01)」があったればこそです。

トルコ人と縁もゆかりもないキリスト教徒の外人子弟を徴集することで、軍部の政治介入を防ぎ、帝都に住まわせ、時に皇帝(スルタン)とともに食事をとらせ、洗脳教育(*02)を施すことで絶対の忠誠を誓わせ、副業など以ての外(もってのほか)、結婚すら認めず(*03)特権階級化を防ぎつつ、職業軍人として命知らずの屈強な兵とすることに成功したのです。

しかも、ちょうどそのころ普及しはじめたばかりの銃砲器をいち早く取り入

(*01) イェニチェリの兵士調達システム。
　　 詳しくは、前巻『イスラーム三國志』の「第1章 第7幕」をご覧ください。
(*02) イスラーム改宗、トルコ語教育、上官への絶対服従、皇帝への絶対忠誠教育など。
(*03) 兵が妻子や家庭を持つようになれば命を惜しむようになるし、また特権が子々孫々に継承されれば、イェニチェリが特権階級化してしまうため。

れ、スレイマン大帝の御世（1520〜66年）には東地中海を"我らが海"とするほどに帝国の版図が拡大していきました。

しかし、そうした繁栄こそがイェニチェリに変質をもたらします。

手に入れた広大な領地を維持するためには、どうしても帝国各地に軍団を駐屯させざるを得ず、しかしそうなると、帝都から遠く離れて"見たことも会ったこともない"皇帝に対する忠誠心が薄れてしまいます。

また、イェニチェリには栄誉と高給に加え、数々の特権（＊04）が与えられていましたが、特権が腐敗を生むのは「雌鶏が卵を産む」より確実です。

そうしたイェニチェリの特権はトルコ人の羨望となり、トルコ人らは我が子をキリスト教徒の家庭に養子に出し、そこからデウシルメ制による徴集を受けさせてイェニチェリに入隊させるという"裏口入学"的手口が横行するようになり、「トルコ人イェニチェリ」が生まれはじめます。

ほどなくそうしたまどろっこしい"手続き"すらも簡略化され、やがては公然とトルコ人ムスリムの入隊が行われるようになって、デウシルメ制は完全に空洞化していきました（＊05）。

こうしてトルコ人イェニチェリが生まれれば、彼らが政治に介入するように

（＊04）免税特権はもちろん、才ある者は州知事や大宰相にまで昇り詰めることもできました。
（＊05）デウシルメ制はスレイマン大帝のころから徐々に衰微し、1676年を最後に完全に行われなくなります。

なったどころか、皇帝(スルタン)を意のままに操るようにまでなり、中国でいうところの「宦官」のごとき"腐敗の温床"と化していきます。

しかし、人間どんなに権勢を誇ろうともそれを子孫に伝えることができないのはやるせないもの。

そこで皇帝(スルタン)に迫って婚姻権を認めさせ(＊06)、商売にも手を染めカネ儲けに走るようになり、意にそぐわぬとなれば皇帝(スルタン)の廃位・殺害まで行うようにまでなって、もはや名は「イェニチェリ」であっても実体はただの"獅子身中の虫"と化していきます。

それでも、いざ戦争となれば屈強な軍として戦ってくれるのならまだマシで、平時においては煌びやかな装飾の武具を身にまとって自慢しあい、戦時においては命を惜しんで逃げ惑う有様。

そのうえ19世紀以降になるとイェニチェリの腐敗はさらに深刻となり、西欧では産業革命(インダストリアル・レヴォリューション)が起こって軍隊の近代化が進んでいるというのに、イェニチェリは伝統的装備にこだわって軍隊の近代化を頑なに拒み、まったく役立たずと化していきました(＊07)。

好きにやってくれ

オスマン帝国 第19代
メフメト4世

陛下！
今こそ、スレイマン大帝ですら成し得なかったウィーン陥落の絶好のチャンスですぞ！

オスマン大宰相
カラ＝ムスタファ＝パシャ

(＊06) すでに妾を持つなど事実上の婚姻の抜け道はありましたが、スレイマン大帝が亡くなった年(1566年)、これを権利として正式に認めさせました。

(＊07) 日本では、幕末において黒船に日本刀で挑もうとした武士を思い浮かべてもらうと理解しやすい。長い期間にわたって特権を享受した階級というものは、組織・思想が硬直化して新しいものを導入することを拒むようになります。所謂「大企業病」もその類。

こうして、帝国を繁栄を支えたイェニチェリそのものが、帝国を亡びに導く元凶となっていきます(＊08)。

そうした折の1683年。

たまたまオーストリア帝　国(B-2/3)支配下のハンガリー(B/C-3)で叛乱が起こると、時の大宰相カラ＝ムスタファ＝パシャ(D-5)は、これに乗じてウィーン(B-3)を攻略する絶好の好機と、帝に開戦を進言します。

しかし、「ウィーン攻略」といえば、イェニチェリがまだ健全かつ屈強であった時代のスレイマン大帝ですら成し得なかった偉業です。

以来150年。

このころの帝国軍は腐敗しきって弱体化していたうえ、ウィーンはスレイマンの侵寇以降、城壁の強化に力を注いでおり、150年前とは比べ物にならないほど堅牢要塞に生まれ変わっていたのですから尚更です。

そんなときにわざわざこちらから無理な大遠征軍を仕掛けなくてもよさそうなものでしたが、これは多分にカラ＝ムスタファの功名心が大きく働いたといわれています。

そして時の皇帝メフメト4世は「狩人」と呼ばれたほど、朝な夕なと狩りに興じるばかりで政治に関心を示さず、そうしたことは大宰相を代々輩出するキョ

(＊08)「繁栄の礎となったものそのものが衰亡の原因となる」という法則は、ローマ帝国にせよ、歴代中華帝国にせよ、大英帝国にせよ、多くの国に現れる"歴史定理"のひとつです。この点については拙著『覇権で読み解けば世界史がわかる』(祥伝社)で詳説されています。

プリュリュ家 (*09) に任せっきりでしたから、すべて「善きに計らえ」。

スレイマン大帝の「第1次ウィーン包囲」では12万の大軍で臨みましたが、今回はそれを上回る15万もの大軍を動員してウィーンを目指します。

これに狼狽した時の神聖ローマ皇帝(カイザー)(*10)レオポルト1世(1658～1705年(*11))(B/C-2)はイの一番に帝都を出奔、将軍に帝都死守を命じ、自らは国境の田舎町パッサウ(B-2)まで疎開、かの地から「イスラームの魔の手からキリスト教世界を護るべし！」と諸国に檄を飛ばしました。

振り返ってオスマン帝国軍(デブレット)は7月13日にはウィーン包囲(B-3/4)を完成させ、これを攻め立てたものの、案の定、陥ちない。

こうした大遠征は「短期決戦」が肝要です。

長引く遠征地での駐屯は兵のストレスを急激に高めますし、何より大軍を支える兵站(へいたん)が悲鳴を上げるからです。

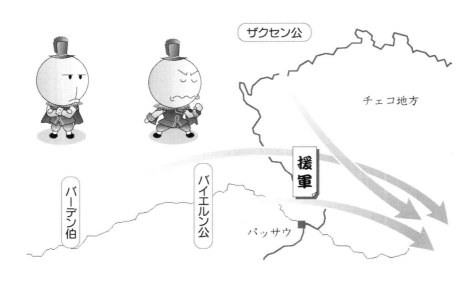

(*09) キョプリュリュ家は、父子3代にわたってメフメト4世に仕えた大宰相の家柄。初代キョプリュリュ＝メフメト、第2代キョプリュリュ＝アフメト、第3代カラ＝ムスタファ。

(*10) 当時の神聖ローマ皇帝はオーストリア大公が歴任(ハプスブルク朝)していました。

しかも、ウィーンを攻めあぐねているうちに、9月12日、ポドリア地方を巡って対立していたヤン3世（A-4/5）率いるポーランド軍が援軍に駆けつけ、さらに「明日は我が身」のバイエルン公（A-1/2）・ザクセン公（A-2）・バーデン辺境伯（A-1）などドイツ諸侯連合軍もこれに加わってきました。

ただでさえ城(ウィーン)を攻めあぐね士気が落ちていたのに、そこへ「敵援軍接近！」の報が伝わるとオスマン軍は浮き足立ちます。

しかもヤン3世は、遠方からの進軍で兵も疲弊していたであろうに、それをモノともせず、ウィーンに到着したその日（9月12日）のうちに「関ヶ原の島津義弘(つよしひろ)」よろしく、はたまた「大坂夏の陣の真田幸村(さなだゆきむら)」よろしく、ポーランド有翼騎兵(フ)(サリア)（＊12）わずか3000騎の精鋭を似て本陣突撃をかけたため、カラ＝ムスタファのいる本陣は大混乱！

選挙王制 第8代
ヤン3世
1674 - 96

（＊11）この時代は、イギリスでは後期ステュワート朝（1660～1714年）、フランスではルイ14世（1643～1715年）、ムガールではアウラングゼーブ帝（1658～1707年）、中国では康熙帝（1661～1722年）の治世年間とほぼ同時代です。

（＊12）突撃力にすぐれたヨーロッパ随一の軽騎兵。
「有翼（Winged）」というのは派手な羽根飾りをしていたことから。

これにより、わずか1時間ほどの攻防でオスマン軍は潰走しはじめ、ヤン3世は勝ち鬨(どき)を上げます。
　──来た、見た、
　　　我が神は勝った！(＊13)
　敗走の憂き目を見た大宰相カラ＝ムスタファは、いったんベオグラード(ヴェズィラザム)（C/D-4）まで退き、そこで崩壊した軍の建て直しを図りましたが、敗戦の報に怒り心頭のメフメト4世の命により、その地で処刑されてしまいます（D-3/4）。
　しかし、ここでカラ＝ムスタファを安易に処刑してしまったことは早計だったかもしれません。
　たしかに彼の功名心からはじまった大戦(おおいくさ)に敗れた責任は重大でしたが、しかし同時に、深刻な人材不足に喘(あえ)いでいた当時のオスマン帝国(デブレット)にとって、彼は重要な"人材"でもありました。
　三國志でいえば、人材不足の蜀にあって、街亭(がいてい)の戦に敗れた馬謖(ばしょく)を斬った諸葛亮(しょかつりょう)を彷彿とさせるもので、そののち蜀が衰亡していったように、このときのオスマン帝国(デブレット)も、彼を処刑したあと一向にすぐれた軍事指導者が現れず、以降、敗退を重ねることになったのでした。

（＊13）ユリウス＝カエサルがゼラの戦（B.C.47年）に勝利したあと、ローマの腹心に送った手紙の文面「来た、見た、勝った（Veni, vidi, vici）」をモジったもの。

第2章 劣勢のイスラーム

第3幕
大トルコ戦争の幕開け
カルロヴィッツ条約

第2次ウィーン包囲の失敗は、オスマン帝国衰亡(デブレット)の転換点となった。これを契機にオスマン帝国に隣接するヨーロッパ諸国が一斉にオスマンに戦いを挑み、以降16年にもわたる「大トルコ戦争(デブレット)」が始まる。多勢に無勢のオスマン帝国(デブレット)は連戦連敗、ついにカルロヴィッツで跪(ひざまず)き、膨大な領土を失陥することになる。

キリスト教圏を恢復できた！

ローマ教皇 第243代
インノケンティウス12世

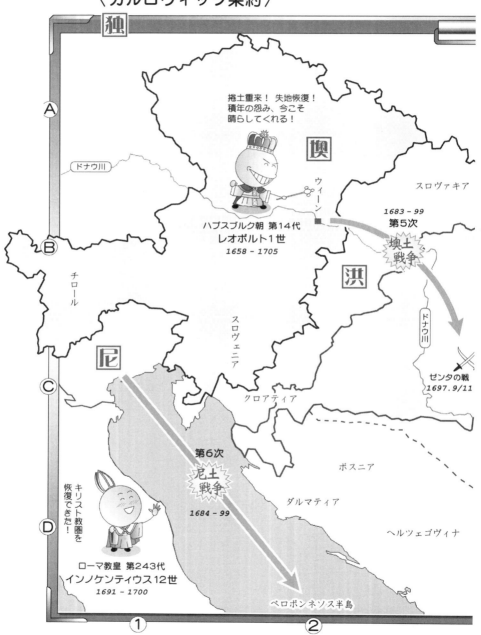

第3幕　カルロヴィッツ条約

こうして「第2次ウィーン包囲」はモノの見事に失敗に終わりましたが、戦はこれで幕引きとはならなかったどころか、これから始まる大戦争の"引き金"となります。

　ヨーロッパ側では、あのオスマン軍に勝利したことで、
「この勢いのまま一気にオスマン帝国をバルカン半島から駆逐せん！」
…と気勢が上がり、時の教皇インノケンティウス11世も「神聖同盟」(＊01)
（前幕D-1/2）を呼びかける事態に至ります。

　この呼びかけに、オーストリア(A/B-2)・ポーランド(A-4)・ヴェネツィア(C-1)がすぐさま呼応し、少し遅れてロシア(A-5)もこれに加わって、以降16年にもわたる「大トルコ戦争」が幕開けました。
Great Turkish War

- 対オーストリア戦（第5次　墺　土戦争）1683〜　99年（B-2/3）
- 対　ポーランド　戦（第3次　波　土戦争）　83〜　99年（A-4/5）
- 対ヴェネツィア戦（第6次　尼　土戦争）　84〜　99年（C/D-1/2）
- 対　ロシア　戦（第3次　露　土戦争）　86〜1700年（A-5）

　オスマン帝国はウィーンで大敗を喫したばかりだというのに、隣接諸国をすべて敵に回して長期戦を戦わねばならなくなったために連戦連敗、ついに1697年、ゼンタ(C-3)で決定的大敗北を喫してしまいます(＊02)。

　この敗戦を機に和平交渉が始まり、その翌々年の1699年、ついにカルロヴィッツ(C-3)で条約が結ばれることになりました。

　その年は、オスマン帝国創建400周年という記念すべき年(＊03)でしたが、同時にオスマンにとって悪夢のような年となります。

　地図を見れば一目瞭然、バルカン半島の帝国領をごっそりと失陥することになったのですから。

(＊01) プレヴェザ海戦（1538年）のときにも、レパント海戦（1571年）のときにも「対オスマン同盟」として結成されていたもの（「第1章 第1幕」参照）と同じ呼び名の同盟。

(＊02) ゼンタの戦。オスマン帝国軍の戦死者30000に対し、オーストリア軍の戦死者はわずか500にも満たない一方的なものとなっています。

(＊03) オスマン帝国の建国が1299年ですから、この年はちょうど400年目の年。

> - オーストリア ： ハンガリーの大部分（B-3）・クロアティア（C-2）
>   トランシルヴァニア（B/C-4）
> - ヴェネツィア ： ペロポンネソス半島
> - ポーランド   ： ポドリア（A/B-5）
> - ロシア   ： アゾフ（*04）

　これほどの失陥は、帝国（デブレット）創建以来初めてのことで、時の皇帝・ムスタファ２世（C-4/5）の嘆きは如何ばかりか。

　しかし、オスマン解体の危機は、ここでいったん収まります。

　なんとなれば、その翌年（1700年）にはロシアとポーランドが大国スウェー

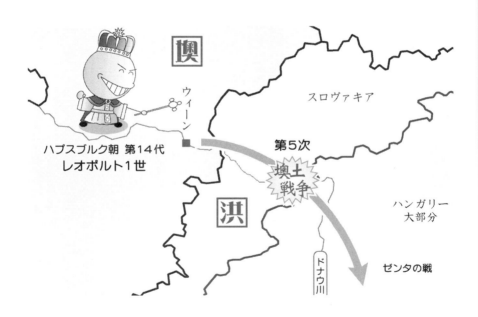

（*04）ロシアだけ翌年にずれ込んでいますので、厳密には1700年のコンスタンティノープル条約ですが、一般的にはカルロヴィッツ条約として語られます。

デンと全面戦争(＊05)に突入し、さらにその翌年（1701年）には、オーストリアがフランスと全面戦争(＊06)に突入したため、ヨーロッパ諸国はオスマンどころではなくなってしまったからです。

逆に、オスマン帝国からすれば、これに乗じて一気に「捲土重来（デブレット）！」「失地恢復（かいふく）！」といきたいところでしたが、まだ大トルコ戦争敗戦の痛手が大きすぎて身動きが取れません(＊07)。

── 今は力を蓄え、機会（チャンス）を待つ！

こうしてオスマン帝国は以降、臥薪嘗胆（がしんしょうたん）の"雌伏（デブレット）の10年"を経ることになったのでした。

コ〜サンします…

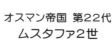

オスマン帝国 第22代
ムスタファ2世

（＊05）北方戦争（1700〜21年）のこと。ロシアとスウェーデンが中心となって北欧諸国を巻き込み、21年もつづいた大戦。1655〜61年に起こった同名の「北方戦争」と区別して、「第2次 北方戦争」「大北方戦争」とも呼ばれます。

（＊06）スペイン継承戦争（1701〜13/14年）のこと。フランスとオーストリアが中心となってヨーロッパ諸国を巻き込んで13年もつづいた大戦。

（＊07）もしこのタイミングで「第2次ウィーン包囲」を行っていたら！　さすれば、オーストリアは北方戦争中のポーランド・ロシアからの援軍も望めず、フランスとオスマンに挟撃される形となってウィーンが陥落していた可能性すらあり、歴史は大きく変わったでしょう。

第2章 劣勢のイスラーム

第4幕

連敗の衝撃
パッサロヴィッツ条約

カルロヴィッツの屈辱を晴らさん！臥薪嘗胆、オスマンはその機会を狙う。まずは露土(ロシアトルコ)戦争でロシアを破ってアゾフを奪還し、つぎに尼土(ヴェネツィア トルコ)戦争でヴェネツィアからペロポンネソス半島の奪還に成功した。あとはオーストリアを破ってハンガリーを奪還すれば、カルロヴィッツの雪辱となるのだが…。

ヂクショ〜！
また敗けた！

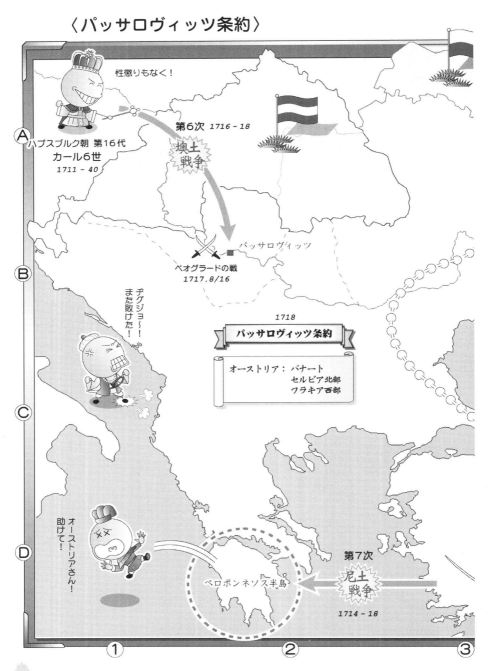

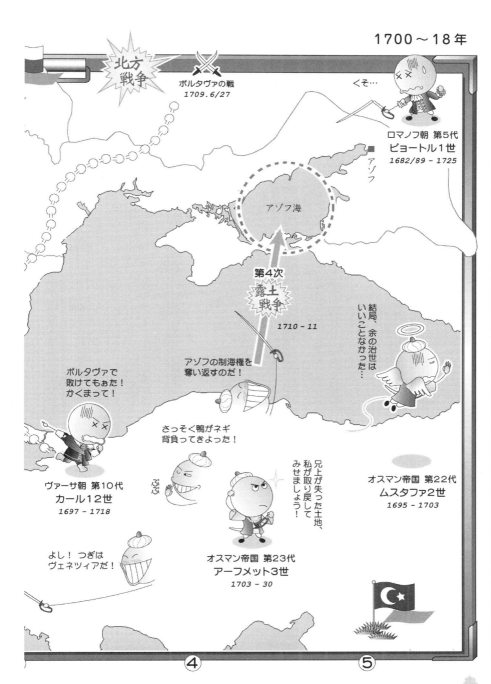

大トルコ戦争に敗れてから10年のオスマン帝国（デブレット）は、1895年の三国干渉から10年の日本が置かれた状況と似ています。

あのときの日本も露（ロシア）・独（ドイツ）・仏（フランス）に睨まれて遼東（リャオトン）半島を返還させられ、彼らに対抗できる力を蓄えるべく「臥薪嘗胆（*01）！」をスローガンに雌伏の10年をすごし、日露戦争で雪辱を果たしたものでした。

カルロヴィッツ条約から10年のオスマン帝国（デブレット）も、ムスタファ2世（B/C-5）亡きあとアーフメット3世（C/D-4/5）の御世にあって、「臥薪嘗胆！」とばかり国力の恢復（かいふく）に努め、虎視眈々、反転攻勢の好機（チャンス）を狙っていました。

そして、ついにその機会が訪れます。

開戦から10年近く経ってもつづいていた大北方戦争（A-3/4）において、終始優勢であったスウェーデンがポルタヴァ（A-4）で大敗し（*02）、敗走したカール12世（C-3/4）がオスマンに保護を求めてきたのです。

これにより、カール12世を保護したオスマン帝国（デブレット）と、彼の引き渡しを要求するロシア帝国（インペーリヤ）ピョートル1世（A-5）との対立が発生し、格好の戦争口実

（*01）「固い薪を枕とし、苦い肝をなめる」の意で、将来の成功のために現在の労苦に耐えること。春秋時代の呉王夫差と越王勾践の故事から（出典『史記』）。

（*02）1709年のポルタヴァの戦。この戦いで大北方戦争の帰趨は決したものの、戦争そのものはさらに10年以上にわたってつづき、1721年にようやく終結することになります。

第４幕　パッサロヴィッツ条約

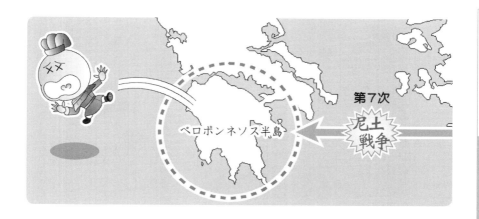

を得たオスマンはついに翌1710年、ロシアと開戦（第４次露土戦争）(B-4/5)、これを破ってアゾフ海(A/B-4/5)の奪還に成功(1713年)します。
──よし！！
　　前回は隣接諸国から一斉攻撃を受けて敗れただけで、
　　一対一の勝負なら我が帝国が敗れるものか！

　すっかり自信を取り戻したオスマンは、1715年、その返す手でヴェネツィアと再戦（第７次尼土戦争）(D-2/3)、これまたカルロヴィッツ条約で失陥していたペロポンネソス半島(D-2)をも奪還することに成功します。
　こうして順調にカルロヴィッツ条約で失陥した領土を恢復することに成功していったオスマン帝国でしたが、このころようやくスペイン継承戦争を終わらせたオーストリア(*03)が、その翌々年の1716年、ヴェネツィアの救援に介入（第６次墺土戦争）(A-1/2)してきたため、オスマン帝国はふたたび両面作戦を強いられることとなり、翌1717年にはベオグラードの戦(B-1/2)に敗れ、和を請うことになりました。

（*03）スペイン継承戦争は、1713年にイギリスがユトレヒト条約を結んでフランスと和睦していますが、オーストリアは翌1714年（ラシュタット条約）までフランスと戦っていました。

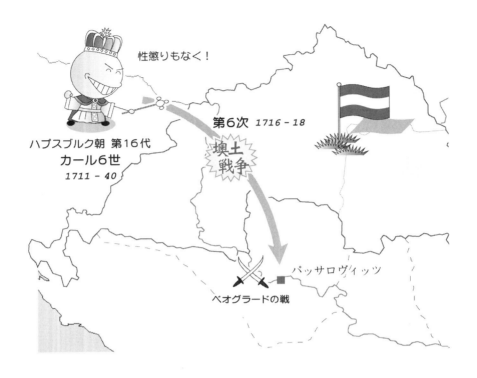

　こうして1718年、パッサロヴィッツ条約（B/C-2）が結ばれ、オスマンはさらにハンガリーの残部（バナート地方）・セルビア北部・ワラキア西部を失うことになります（B-2）。

　今回の失地は、領土の広さだけで見ればさきの「カルロヴィッツ条約」よりははるかに小さなものでしたが、オスマン帝国（デブレット）にとって、失った領土以上に"深刻な意味"を持つものとなります。

　それは、オスマンが帝国（デブレット）創建以来初めて「同じ相手に連敗した」ことです。

　個人であろうが組織であろうが国家であろうが、どんなに強い存在でも「勝負は時の運」で敗れることはありますから、オスマン帝国（デブレット）とてこれまで敗戦の経験がなかったわけではありません。

　しかし、帝国（デブレット）創建以来400有余年、「同じ相手に連敗」したことは一度もありませんでした。

したがって、カルロヴィッツ条約のときにはまだ帝国(デブレット)内にも
「なんの！　取られたものは取り返せばよいわ！」
…という気概がありました。
　しかし、こたびの敗戦は違います。
　「同じ相手に連敗した」ということは、はっきりと「力の衰え」を意味しているからです。
　オスマンはここにおいて初めて「我が帝国(デブレット)は弱体化している」ことを自覚し、危機感を募らせることになります。
　その原因は明らか。
　ここ100有余年の泰平「Pax(パックス) Ottomanica(オトマニカ)」が、政治・社会・経済・軍部、帝国(デブレット)の隅々まで硬直化・腐敗させたからに他なりません。
　平和こそが腐敗の温床だからです(＊04)。
──近代化を急がねば！
　以降のオスマン帝国(デブレット)は、戦争に敗れるたびに近代化運動を推進することになりますが、抵抗勢力を前にしてことごとく失敗する歴史を歩むことになります。
　近代化に失敗したため、次の戦争でも敗れる。
　だから、ふたたび近代化運動を起こすも失敗。
　滅亡するその日まで、これを繰り返す歴史を歩んでいくことになります。

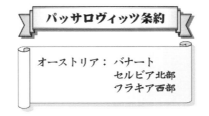

(＊04)詳しくは、コラム「平和の負の側面」をご覧ください。

Column　平和の負の側面

　現代日本には「平和 ＝ 絶対善」のような風潮が蔓延していますが、平和にも"負の側面"はあり、断じて「絶対善」などではありません。

　平和の"負の側面"とは、平和こそが「社会腐敗を育む温床」であり、「混乱と戦争を誘発させる大きな要因」であるということ。

　この事実から目を背けるならば、まさに「表を見て裏を見ず」「象の鼻を見て尾を見ず」、その人は「平和」を語りながらその本質をまるで理解できていないことになります。

　平和こそが社会を腐らせ、腐敗が混乱を生み、混乱が戦争を引き起こし、そうして生まれた戦争の悲惨さが人々に平和を求めさせ、ふたたび平和に還る。

　人類の歴史は、平和 → 腐敗 → 混乱 → 戦争、そしてまた平和に戻る…の繰り返しといっても過言ではありません。

　現代日本人が「平和！」「平和！！」「平和！！！」と壊れたレコードのように連呼しているのは、それが「正しい」だからではなく、歴史的流れの中で"戦争直後の平和を求める時期(タイミング)"にあるからにすぎません。

　しかし、その平和もすでに70年を越えました。

　人類史上、半世紀以上平和がつづくことは極めて稀で、言い換えれば、戦後の日本は「70年かけてゆっくりと社会を腐らせてきた」ということです。

　それも今や限界に達し、現在の日本は次の段階（混乱期）に移ろうとしている直前にあり、まさに「第2次ウィーン包囲」直前のオスマン帝国(デブレット)に酷似しています。

　あのころのオスマン人が「これから帝国(デブレット)の崩壊が始まる」などと夢にも思っていなかったのと同じように、現代の日本人もその自覚がまったくありません。

　現代日本も「ウィーン包囲」や「ペリー来航」のような何か"きっかけ"さえ起これば、明日にも収拾つかない混乱期が始まるでしょう。

第2章 劣勢のイスラーム

第5幕

ヨーロッパに学べ！
チューリップ時代

同じ相手に2連敗。これは帝国始まって以来のことで、オスマンの力の衰えを如実に示していた。敗戦の恥辱にまみれたアーフメット3世は西欧文明の優秀性を認め、外には善隣外交を維持しつつ、内には翻訳所・図書館・活版印刷所を作り、軍隊の近代化を図る。しかし――。

外には平和外交！
内には近代化改革
を実行せよ！

オスマン帝国 第23代
アーフメット3世

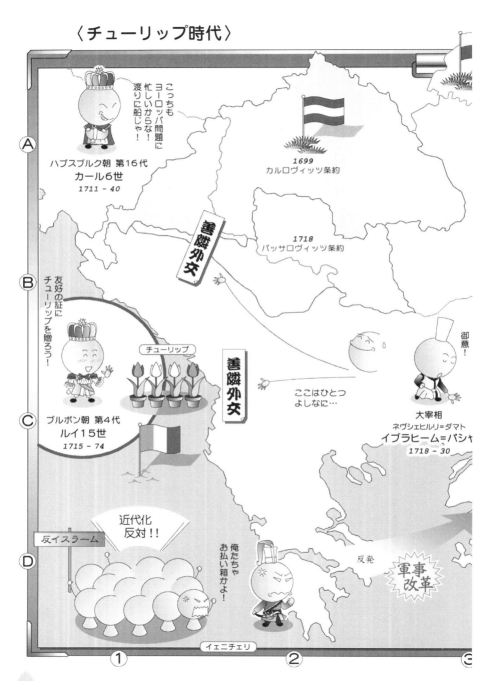

第5幕 チューリップ時代

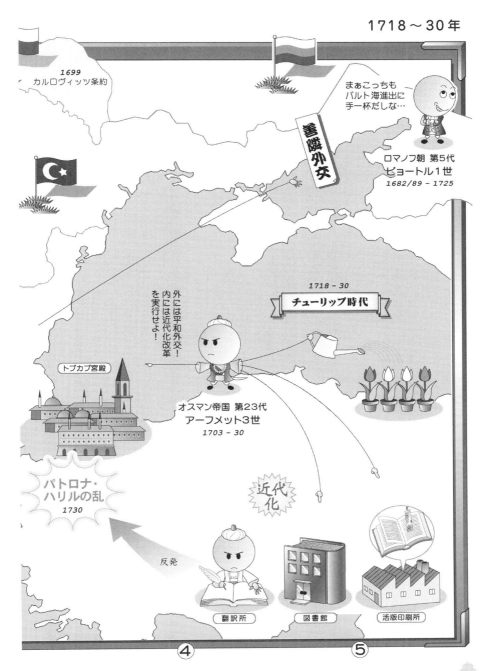

パッサロヴィッツ条約は、100年余りの「Pax Ottomanica(パックス オトマニカ)」のぬるま湯にすっかり平和ボケしてしまっていたオスマンに"冷や水"を浴びせかける結果となります。

オスマン帝国は建国以来、その正式国号「オスマン至高帝国(デブレット・イ・アリエ)(＊01)」にも表れているように、宗教・制度・軍事・文化・学問・法など帝国に属するすべての文物が"至高"であるという自負と優越感を抱いてきました。

それは「戦(いくさ)において向かうところ敵なし」「たとえ敗けることがあったにせよ連敗はしない」という事実によって裏付けられていましたが、こたびの「連敗」はその優越感を根柢(てい)から揺るがし、それは劣等感に変わってオスマンの知識人(インテリゲンツィア)たちの間で急速に「国家老衰論」が拡がっていきます。

――凡(およ)そ人間が創りあげたもので永遠なるものはこの世に存在せず、

それは国家もまた例外ではない。

国家も人間と同じように、生まれ、成長し、円熟し、老い、

やがては死を迎えるものだ。

そして我が国(オスマン)もすでに老境に入っている。

老境に入っているというならば、無理な争いは避けるのが吉。

そのうえ。

悪いことは重なるもので、パッサロヴィッツ条約の翌年、帝都(イスタンブール)近郊で大地震(＊02)が発生し、帝都(イスタンブール)の建造物が甚大な被害を受けてしまう有様。

そこで皇帝(スルタン)アーフメット３世(C-4)は、まずは国力の回復を図るべく、外に対しては大宰相(ヴェズィラザム)イブラヒーム・パシャ(C-3)に命じてオーストリア(A-1)・フランス(C-1)・ロシア(A-5)に使節を送り込んで平和外交に徹し、内には帝都(イスタンブール)(C-3/4)の再建および整備に力を注ぎます。

(＊01)厳密にはトルコ語の「Devlet」には、ドイツ語の「Reich」同様、「帝国」の意味はなく単に「国」の意ですが、「Deutsches Reich」を「ドイツ帝国」と訳すのと同じで、直訳ではなく意訳的に「帝国」と訳してあります。

(＊02)1719年のイズミット地震のこと。帝都対岸のイズミットを中心として6000人もの死者を出しました。1999年にも同じ場所でマグニチュード７.６の地震が起こっています。

第5幕　チューリップ時代

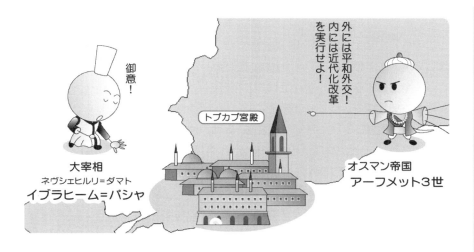

　さらに、西欧文物を優れたものと認めてこれを学ぶ姿勢を示し、辞書・地理書・歴史書・技術書など諸外国の文献を活用するべく翻訳所（D-4）を作り、活版印刷所（D-5）を設立し、図書館（D-4/5）を造営します。
　のみならず。
　ヨーロッパでロココ様式の建築が流行していると知れば、さっそく帝都（イスタンブール）近郊にロココ様式の宮殿「サーダバード離宮（*03）」を建て、チューリップ栽培が流行（*04）していると知れば、盛んにチューリップを植えます（B/C-5）。
　パッサロヴィッツ条約からアーフメット3世退位までの期間（1718～30年）を「チューリップ時代（ラーレ・デヴリ）」と呼ぶのはこれに由来しています。
　そして何より、先の戦（いくさ）の主たる敗因は「常備軍（イェニチェリ）の弱体化」であることは明らかでしたから、大宰相（ヴェズィラザム）イブラヒーム・パシャはこれを解決するべく、イェニチェ

（*03）もっとも一説には、サーダバード離宮はロココ様式ではなく、「サファヴィー朝の帝都にあるチェヘル・ソトゥーン宮殿を模したもの」という説もあります。
（*04）チューリップの流行については、本幕コラム「世界初の投機熱狂」をご覧ください。

リを縮小し、近代軍を新設しようと試みます（D‐3）。

　こうしてオスマンは、帝国史(デブレット)上初めて「近代化」へと大きく舵を切りはじめましたが、じつのところ「近代化」ほど至難なものはありません。

　洋の東西と古今を問わず、近代化を実行しようとすると、旧体制にどっぷりと浸かり、旧体制の中でしか生きていけない者たちが、旧体制の中で生きつづけることを夢想し、歴史の流れに逆らい、命懸けで抵抗してくるからです。

　19世紀になると旧体制に苦しむ国々が一斉に近代化改革に入りましたが、清朝の「洋務運動」「変法自強」「光緒新政(こうちょ)」然り、カージャール朝の「イラン立憲革命」然り、ロマノフ朝の「ヴィッテ・ストルイピン改革」然り、近代化がことごとく失敗に終わっている(＊05)のはこのためです。

　オスマン帝国(デブレット)もご多分に漏れません。

　たとえば今回の「活版印刷術の導入」ひとつ取ってみても、これによりそれまで書写で生計を立てていた人たちが職を失うことになりますから、そうした人々の反発を受けます（D‐4）。

　また、西欧型の近代軍を導入しようとする動きに対しては、"お払い箱"とな

（＊05）めぼしい成果を挙げたといえるのは、日本の「明治維新」とタイの「チャクリ改革」くらいでしたが、まさにこの２国だけが、アジアで欧米列強の植民地化を免れ、独立を保つことになります。近代化に失敗した国は、どんな大帝国であろうが問答無用で亡んでいきました。

92

るイェニチェリ（D-1）の猛反発を喰らい、こうした一連の近代化に対する反感はついに「パトロナ・ハリルの乱（C/D-3/4）」（＊06）となって帰結します。

　この叛乱そのものは「大山鳴動鼠一匹」という結果に終わりましたが、一時は大宰相（ヴェズィラザム）イブラヒーム・パシャの処刑、皇帝（スルタン）アーフメット3世の退位という事態に陥り、「チューリップ時代（ラーレ・デヴリ）」と呼ばれたオスマン初の近代化運動は失敗のうちに終わりを遂げることになります。

　こうしてオスマン初の近代化運動は、結果的には「西欧文物の上辺をなぞっただけ」の不完全燃焼に終わり、本格的な「近代化」にはほど遠いものとなりました。

　しかしながら、あの誇り高きオスマン帝国が「西欧文物に学ぶ（デブレット）」という姿勢を示しただけでもこれまでにない出来事であり、その意味では、次代の「近代化運動の嚆矢（こうし）」となる ── という歴史的意義は認められるでしょう。

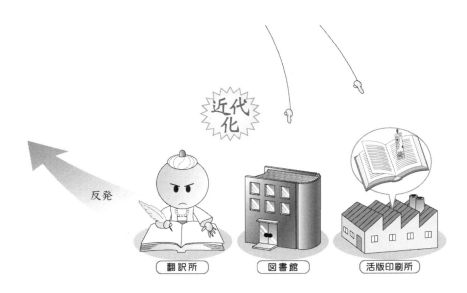

（＊06）日本で譬えれば、幕末維新時代において"時代遅れとなった軍人"武士（イェニチェリに相当）が抵抗勢力となってあちこちで士族反乱（佐賀の乱・神風連の乱・秋月の乱・萩の乱・西南戦争など）を起こしたことを思い出していただくと理解しやすい。

Column 世界初の投機熱狂

　世界初の投機熱の対象は、意外にも「チューリップ」です。

　16世紀ごろ、トルコからオランダにチューリップが伝わると、この異国情緒あふれるこの美しい花をヨーロッパの人々は好んで栽培しはじめましたが、まもなく「チューリップがきわめて突然変異(ブレイク)を起こしやすく、突然見たこともない色・柄・形となることも珍しくない」という特性に気づくと、これがたいへん重宝がられるようになります。

　時代や国が変わっても人間やることは同じで、貴族らは珍しい色形のチューリップを競って求めたため、やがて突然変異(ブレイク)球根の価格が高騰しはじめます。

　するとこれに引きずられるようにして、庶民にもチューリップ熱が拡がっていきました。

　「突然変異(ブレイク)を作って一攫千金！」を夢見たためです。

　猫も杓子もチューリップの球根を求めるようになったため、需要と供給の関係により、やがてごくふつうの球根まで高値で取引されるようになっていきました。

　すると今度は、チューリップに何の興味のない者まで「投機対象」としてこれを求めるようになり、さらに価格が高騰していくことに。

　こうした負のスパイラルにより、17世紀前半にはたかがチューリップの球根ひとつに「家一軒の価格」「熟練工の17年分の年収（2500ƒ(ギルダー)）」などという常軌を逸する価格を示すようになります。

　しかし、こうなってしまうともはや破局は近い。

　1623年2月3日。

　あるチューリップ転売人の球根がめずらしく売れ残るや、その噂はアッという間に拡がり、転売人たちは狂ったように「売り」一色となり、チューリップ価格は暴落、大混乱となりました。

　しかし、人類はこうした失敗に顧みることなく、投機熱狂は繰り返され、1929年の「世界大恐慌」へと突き進むことになります。

第2章 劣勢のイスラーム

第6幕

アレクサンドロスの再来？
サファヴィー朝の解体

サファヴィー朝もアッバース1世亡きあと愚帝がつづき、各地で叛乱が相次ぐようになる。アフガニスタンからホターキー朝、ホラサンからアフシャール朝、ペルシスからザンド朝などの独立政権が現れ、混迷を窮めたばかりか、北からはロシア、西からはオスマンの侵攻を受け、内憂外患の混乱がつづくことになった。

タフマースブ2世

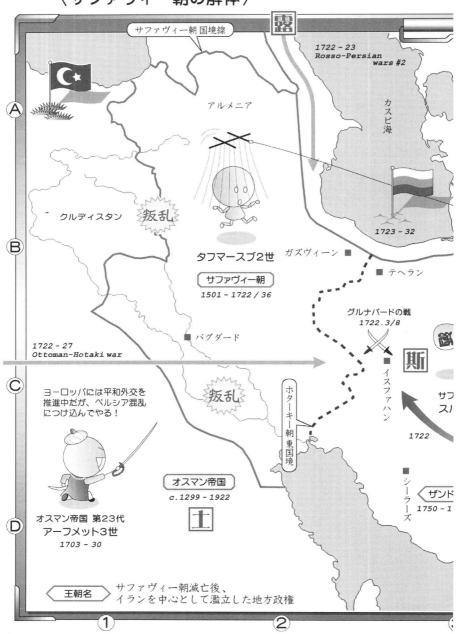

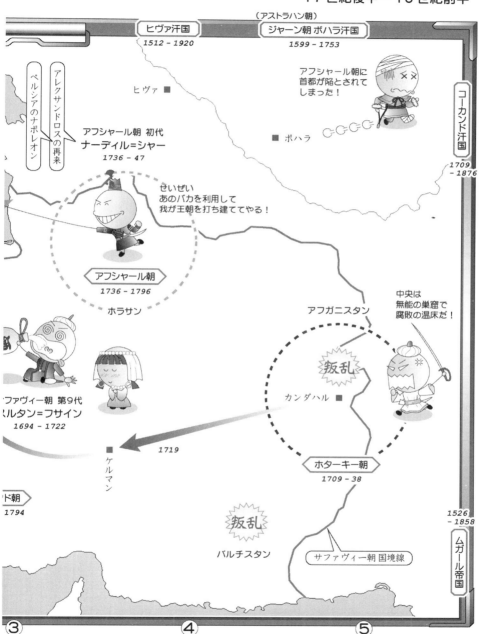

こうして、建国より400年にわたって隆盛を窮(きわ)めたオスマン帝国(デブレット)も、ついに17世紀後半から18世紀後半にかけて劣勢を強いられるようになりました。

では、ちょうどこのころの隣国サファヴィー朝（B-2）がどのような歴史を歩んでいたのかを紐解いてみると、興味深いことにサファヴィー朝もまた、オスマンと同じように衰亡へと向かっています。

ついこの間まで「イスファハン（C-2/3）は世界の半分(*01)」と謳(うた)われるほど絶頂を誇ったアッバース1世（位1588〜1629年）の御世もアッという間に過ぎ去り、彼亡きあと凡庸・無能な君主(シャー)(*02)がつづいたことで帝国にも翳(かげ)りが現れはじめます。

もっとも繁栄の余香(よこう)の中にあって一気に崩壊することはなく、17世紀いっぱいまではじわじわと腐敗と矛盾が浸透していく「停滞期」に入ることに。

このように王朝が傾きつつあるときこそ「名君」の出現が待望されますが、こ

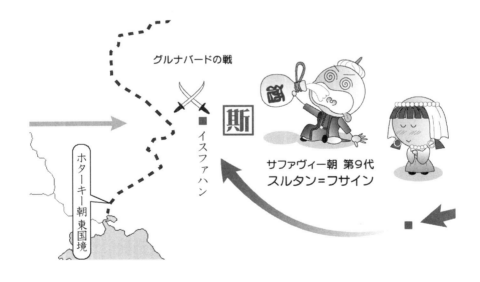

(*01) ペルシア語では「Esfahān nesf-e jahān（エスファハーン・ネスフェ・ジャハーン）」で、Esfahān（イスファハーン）とjahān（世界）の「hān」を掛けている言葉。日本なら「北海道、でっかいどぉ！」くらいの言葉遊びで文字通り「半分」という意味ではありません。

第 6 幕　サファヴィー朝の解体

ういうときに限って「愚帝」が立つのが世の常。
　こたびもご多分に漏れず、このタイミングで帝国にトドメを刺すことになる"とびっきりの愚帝"が即位することになりますが、こうしたことは「たまたま」ではなく「必然」といえます。
　じつは、先代サフィー2世の子には、長男で有能・勇敢かつ冷静・雄々しいアッバースと、次男で無能・怠惰・無気力で周りの者の言いなりとなっていたフサインがいましたので、帝国の将来を憂うなら、考えるまでもなく兄こそが帝位に相応しい。
　先帝自身も「帝国の繁栄を望むなら、余の後継者は長男アッバースにするように」と言い遺しました。
　にもかかわらず、新帝に選ばれたのは弟の方。
　当時すでに腐敗を窮めていた宮廷（官僚や外戚）は、自らが汚職の限りを尽くすためには「優秀で猛々しい兄」より「無能で言われるがままの弟」の方が都合

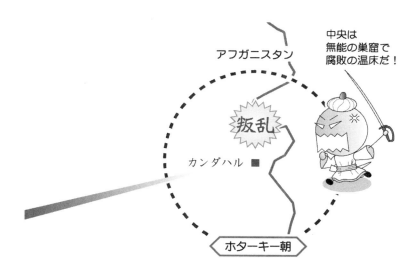

（＊02）停滞期の皇帝は以下の3人。第6代 サフィー1世（位1629〜42年）、第7代 アッバース2世（位1642〜66年）、第8代 サフィー2世（位1666〜94年）、そして事実上の最後の皇帝が第9代のスルタン＝フサイン。

がよかったためです。

　宮廷が帝国の未来よりも己(おの)が汚職を優先している時点で、この国も殆(あや)ういですが、その結果選ばれたのが事実上の"ラストエンペラー"となる第9代スルタン＝フサイン（B/C-3）でした。

　さすが宮廷の眼鏡(めがね)に叶っただけのことはあり、彼の無能ぶりは目を覆わんがばかり。

- 皇帝(シャー)に即位しながら、その責務を放棄し、酒色と女色に溺れる毎日を送る。
- 財政も傾いているのに、無用な建築事業や巡礼で莫大な散財を行う。
- その赤字補塡(はてん)を重税で賄おうとして領民の怨嗟(えんさ)の的となる。

　これで叛乱が起こらない方がおかしい。

　果たせるかな、ほどなく西はクルディスタン（B-1）、南東はバルチスタン（D-4/5）、東ではアフガニスタン（C-5）で一斉に周辺諸民族が蜂起したばかりか、中央の帝都(イスファハン)でも暴動が起こります。

　ところが。

　信じ難いことに、帝(シャー)はこの事態を深刻と考えず(＊03)これを無策に放置したため、1709年にはアフガニスタンのカンダハール（C-5）にホターキー朝(＊04)（C-5）が独立し、まもなく地盤を固めると西進しはじめ、19年にはケルマン（C/D-3/4）を押さえ、さらに22年には帝都(イスファハン)に迫りました。

　こうして両軍は帝都(イスファハン)近郊のグルナバード（B/C-2/3）で対峙。

　このときサファヴィー軍、重砲部隊を擁した4万2000。

　相対するホターキー軍は、小砲(ザンブーラキ)部隊を率いた1万8000。(＊05)

　装備も兵力もサファヴィー軍が圧倒していたにもかかわらず、いざ蓋を開け

（＊03）ここまでくるともはや知的障害を疑いたくなりますが、じつはこれ、側近が叛乱勃発の責任を取らされることを懼れて「大したことはありません」と報告していたためです。王朝末期の帝はどこの国でもこんなものです。

（＊04）パシュトゥーン人のギルザイ部族連合のホターキー族による王朝。ギルザイ朝とも。

（＊05）サファヴィー軍が大砲24門。ホターキー軍は駱駝に載せた小砲100丁。

第 6 幕　サファヴィー朝の解体

てみれば、サファヴィー軍はわずか半日で全滅(＊06)という為体。

建国当時「不敗神話」を誇ったあの"無敵サファヴィー軍"の面影はいまや影も形もなく帝都(イスファハン)はあっけなく陥落、スルタン＝フサインは処刑されてしまいます。

こうしてサファヴィー朝は実質的に滅亡(＊07)したのでした。

しかし、ここからが本当の混乱の始まり。

イラン世界の混乱を見た周辺諸国が、あたかも「死臭を嗅ぎつけて集まるハイエナ」の如くイランに向けて侵攻をはじめたからです。

西からはアーフメット3世(C/D-1)治下のオスマン帝国(デブレット)が軍を進め(＊08)(C-1)、北からはピョートル大帝治下のロシア帝国(インペーリヤ)(A-2)軍が南下。(＊09)

これにより、オスマンはアルメニア(A-2)からイラク(C-2)一帯を奪い、ロシアはカスピ海沿岸(A/B-2/3)を掠(かす)め取ることに成功。

じつはサファヴィー朝の滅亡後、スルタン＝フサインの子タフマースブ

Ottoman-Hotaki war

ヨーロッパには平和外交を推進中だが、ペルシア混乱につけ込んでやる！

オスマン帝国 第23代
アーフメット3世

(＊06)「全滅」というとよく「すべての兵員の戦死」と勘違いされがちですが、軍事用語では、戦力の30％損耗で「全滅」と言います。50％損耗で「潰滅」。100％は「殲滅」。
(＊07)ただし、ガズヴィーンに逃れた亡命政権まで含めて考えた場合、滅亡の年は1736年。
(＊08)1722～27年 土富(オスマン・ホターキー)戦争。
(＊09)1722～23年 第2次 露斯(ロシア・イラン)戦争。

101

（B-2）は旧都ガズヴィーン（B-2）まで逃れてここに亡命政権を打ち建てていましたが、東からはホターキー朝、北からはロシア帝国（インピェーリヤ）、西からはオスマン帝国（デブレット）と三方から攻め立てられて、その領土はガズヴィーンとその周辺だけの都市国家レベルにまで縮小、もはや風前の灯火。

　これで次なるイランの覇者はホターキー朝か —— と思いきや、ホターキー朝がイラン中央部を支配(*10)したのはホンの一瞬(*11)、すぐにイラン高原から駆逐されることになりました。

　いったい誰によって？
　西から侵攻してきたオスマン帝国（デブレット）？
　北から南下してきたロシア帝国（インピェーリヤ）？
　はたまた、もはや消滅は時間の問題と思われたガズヴィーン政権？
　じつはこの混乱の中、ホラサン地方に自立化していたトルコ系アフシャール族のナーディル＝シャー（A/B-3/4）です。

　彼は、「ペルシアのナポレオン」「アレクサンドロスの再来」（A-3）と謳われるほどの武を誇ったものの、所詮"成り上がり者"の彼には「武力」はあっても「権威」がありません。

　これに対して、もはや"風前の灯火"となっていたガズヴィーン政権には「権威」はあるが「武力」がない。

　お互い"ないもの"を補う形で両者が結びつくのは自然の流れでした(*12)。

　形式的にはナーディルがタフマースブ2世の家臣となりつつ、実質的にはナーディルの方がタフマースブ2世を傀儡（A/B-2）とする形を取って両者は結びつき、こうして「サファヴィー朝復興」の大義名分を得たナーディルはイスファハンに向けて進撃を開始、ホターキー朝をイラン高原から駆逐（1729年）

（*10）ガズヴィーン・テヘラン間からペルシア湾を結んだライン（B/C-2/3）以東。
（*11）具体的には、1722〜29年のわずか7年ほど。
（*12）おなじ戦国の世にあって、曹操（武力）と後漢の献帝（権威）の関係、織田信長（武力）と足利義昭（権威）の関係を思い起こしてもらうとわかりやすい。

することに成功したのです。

　しかし、ひとたび支配地盤が固まれば"借り物の権威"も用済み。

　曹魏が漢を亡ぼしたように、信長が室町幕府を亡ぼしたように、ナーディルもまたほどなくガズヴィーン政権を亡ぼして自らの王朝・アフシャール朝を打ち建てます（1736年）。

　こうして夢にまで見た王朝を手に入れたナーディルは、ここから水を得た魚か、瀧を登った鯉か、ここから破竹の勢いで領土を拡大していきました。

　まずは、アフガニスタンに逃げ込んでいたホターキー朝を亡ぼし（1738年）てアフガニスタンを支配すると、そのままの勢いでムガール帝国（D-5）へと侵攻、一時は帝都デリーまでも制圧します（1739年）。

　さらにその返す手で、今度は中央アジアのジャーン朝の汗都ボハラ（A-4/5）やヒヴァ汗国の汗都ヒヴァ（A-4）まで陥とすという、サファヴィー朝ですら成し得なかった大快挙！

　我が世の春を謳歌したナーディル＝シャーは豪語します。

――我に時間を与えよ！

　　さすれば、イスラームを廃して新しい宗教を創り出して見せよう！

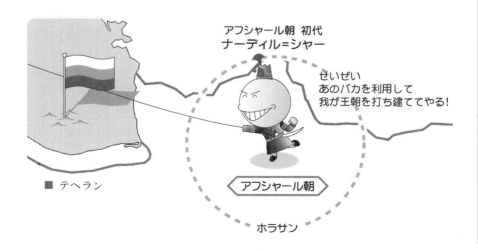

しかし。

人は尊大傲慢となれば、足下(もと)をすくわれるもの。

彼もまた敵に討たれるのではなく、あっさり身内によって謀殺されてしまいます。

そして、洋の東西を問わず古今を問わず、「ひとりの天才」によって築きあげられた組織は、その死とともに一気に崩壊するもの(＊13)。

彼の死とともに、ふたたび戦乱時代に逆戻りしてしまいました。

その中から、シーラーズを中心として独立したザンド朝（D-3）が帝国西半を、カンダハールを中心として独立したドゥッラーニー朝(シャーヒー)が帝国東半を押さえて、アフシャール朝はザンド朝とドゥッラーニー朝に挟まれる形で勃興地のホラサンだけを支配する地方政権へと落魄(おちぶ)れていきます。

このように、17世紀後半から18世紀後半にかけての1世紀は、オスマン帝国(デブ)同様、イラン世界もまた内憂外患に苦悶し、ながらく短期政権と地方政権が濫立する"戦国時代(レット)"へと突入していったのでした。

■ ボハラ

（＊13）日本では織田政権しかり、中国では秦帝国しかり、ヨーロッパではナポレオン帝国しかり、オリエントではアレクサンドロス帝国しかり。源為朝に合わせて作られた剛弓が他の者にはまったく使いこなせないように、傑物が作った組織は、その後継者（凡人）にはまったく使いこなせないためです。歴史を紐解けば、傑物が作った王朝はほとんど短期政権、長期政権の開祖は凡夫ばかり ── ということがそれを証明しています。

第2章 劣勢のイスラーム

第7幕

地獄の一丁目
ムガール帝国(グーラカーニー)の解体

オスマン帝国・サファヴィー朝と歩調を合わせるようにしてムガール帝国(グーラカーニー)の解体も始まった！アウラングゼーブ帝の死とともに帝国(グーラカーニー)の矛盾が一気に吹き出し、アッという間にデリーとその周辺を支配するだけの地方政権に解体していくことになる。しかしまだそれは「地獄の一丁目」にすぎなかった。

余の死後
帝国の先行が
心配じゃ…

ムガール帝国 第6代
アウラングゼーブ

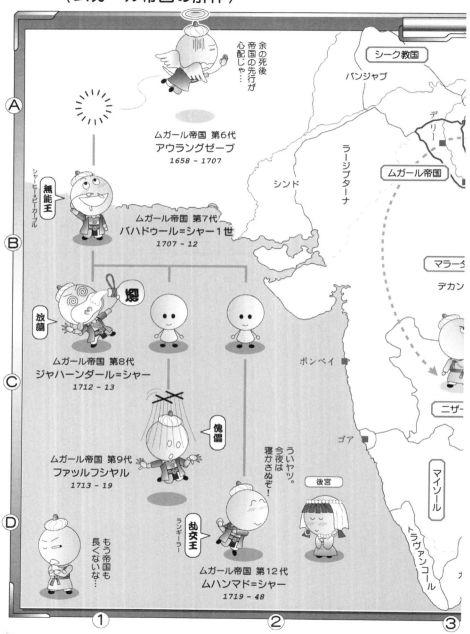

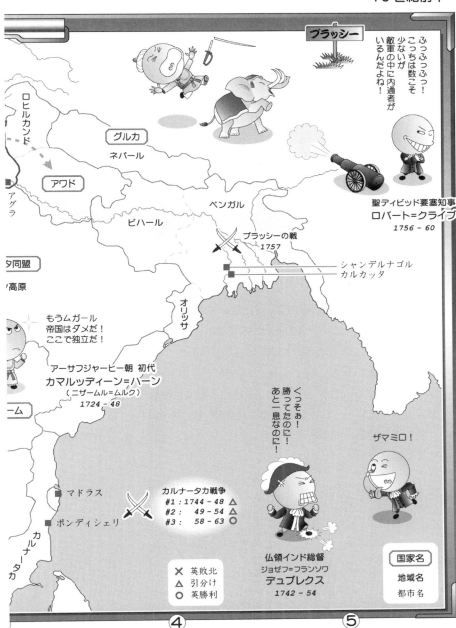

このように、オスマン帝国もサファヴィー朝も、17世紀まではなんとかその偉容(デブレット)を守ったものの、17世紀末ないしは18世紀初頭に一気に矛盾が噴出し、さらにその最悪のタイミングで外圧も加わり、内憂外患に悶絶していきました。

　そしてムガール帝国(グーラカーニー)もまた、両国と同じタイミングで同じ道を辿ることになります。

　ムガール帝国(グーラカーニー)では、すでにアウラングゼーブ帝(A-1/2)の治世(17世紀)から矛盾が蓄積していましたが、彼の死(1707年)を契機に一気にそれが噴出します。

　そして、ひとたび峠を越えた王朝はオスマン然り、サファヴィー然り、ムガールもまた"必然的(＊01)"に愚帝が相次ぐことになります。

　アウラングゼーブ帝の跡を継いだバハードゥル＝シャー1世(B-1/2)はそのままズバリ「無能王(シャーヒ・ビーカーブル)」と渾名(あだな)されたほどで、次の第8代ジャハーンダール＝シャー(B/C-1)は、放蕩と怠惰の日々を送るのみ。

　こうした無能がつづいたことで、第9代ファッルフシヤル(C/D-1)のころには有力貴族のサイイド兄弟が幅を利かせるようになっており、皇帝(グーラカーン)はその傀儡(マリオネット)と成り下がってその廃立すらも思うがまま。

　以降10代・11代など在位わずかに100日ほど(＊02)で兄弟(サイイド)に廃位され殺されるという為体(ていたらく)。

　次の第12代ムハンマド＝シャー(D-2)の御世(みよ)になってようやくサイイド兄弟の排斥に成功し、ひさしぶりの長期政権(位1719～48年)となったものの、彼もまた政治に関心を示さず、「乱交王(ランギーラー)」と渾名されるほど、日々後宮(ハーレム)で快楽を貪(むさぼ)るのみ(＊03)。

(＊01)凡そ「絶頂期」などと言われる時代に宮廷腐敗が浸透し、宮廷は己が権勢を守るために傀儡として都合のよい「無能」を擁立するためです。たとえばオスマン帝国の絶頂期スレイマン大帝も後宮では皇后ヒュッレムに専横を許し、宮廷腐敗を招いた元凶となっています。

(＊02)第10代ラフィー＝ウッダラジャートが在位99日(1719年2月28日～6月6日)。
　　　第11代ラフィー＝ウッダウラが在位106日(1719年6月6日～9月19日)。

第7幕　ムガール帝国の解体

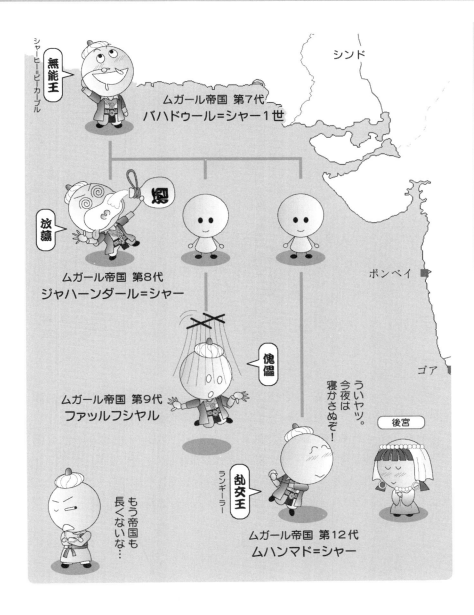

(＊03) 1735年、ムハンマド＝シャーは自らの後宮でのまさに"夜の営み"の最中を宮廷画家チタルマンに描かせてご満悦という堕落ぶり。

このためついに、ファッルフシヤル帝以来4代にわたって皇帝に忠節を尽くし、皇帝から「ニザーム＝ウル＝ムルク^(＊04)」の称号まで諡られていた宰相カマルッディーン＝ハーンですら愛想を尽かして(D-1)下野、そのままデカン高原南部で独立^(＊05)(C-3)してしまうという事態に。

　カマルッディーン＝ハーンほどの忠義の者ですら帝国を見棄てたとなれば、もはや誰も信用できないということになり、帝国に動揺が走ります。
　これを三國志で喩えるなら「"忠義侯"を諡られるほどの忠義の士・関羽が劉備を見限って荊州で独立した」ようなもの。
　まさにこれが"ムガール版 応仁の乱"となって、「沈む船から逃げ出す鼠」よろしく、帝国の分解が進み、各地の知事らも一斉に離反しはじめる契機となりました。

(＊04)「国の統治者」という意味で、皇帝から絶大な信頼を得た忠臣に諡られる号。

(＊05)ムハンマド＝シャー在位5年の1724年のこと。独立した国はニザーム領(or 政権/国/王国/藩王国)、あるいはアーサフジャーヒー朝ハイダラーバード王国と呼ばれる。

(＊06)「国の証明」の意。

彼と同じく歴代皇帝(グーラカーン)に仕え、皇帝(グーラカーン)から「ブルハーヌル゠ムルク^(＊06)」の称号を諡られるほどだった重臣サアーダト゠アリー゠ハーンも、カマルッディーンの動きを見てただちに帝都のすぐ隣のアワド(A/B-3/4)で「太守(ナワーブ)^(＊07)」として独立、さらに、ベンガル(B-4/5)太守(ナワーブ)もこれにつづく。

側近中の側近にすら、ぞくぞくと見限られるようではもはや帝国(グーラカーニー)の先も見えてきましたが、間の悪いことに、アフシャール朝のナーディル゠シャーが侵寇^(＊08)してきたのはちょうどそんなころでした。

このときナーディル゠シャーは、金目の物とあらば宝物庫はもちろん、あの「孔雀の玉座^(＊09)」すら根こそぎ持ち去らせましたから、アフシャール軍が去ったあとは蝗(いなご)の大群が通ったかのごとく、城内は空っぽ、城下では住民は虐殺され、片づける者とてない死屍(しし)が見渡すかぎり累々(るいるい)、町は灰燼(かいじん)、郊外は焼け野原――といった惨状で、ムガール帝国(グーラカーニー)の権威は地に堕ちます。

"権威"というものは「和氏の璧(かしへき)^(＊10)」同様、一度疵(きず)付いてしまえばもはや二度とその価値が元に戻ることはありません。

つまり。

ムガール建国以来200有余年が経ち、帝国(グーラカーニー)は一応この後も120年ほど命脈を保つとはいえ、このときすでに"詰(チェックメイト)み"の状態であり、ここから先の歴史は"亡びへの一本道"となります。

そもそもインドは、多民族・多宗教・多言語・多文化圏で、つねに分解に向かう力学(ベクトル)が働いていますが、これまではムガール帝国(グーラカーニー)がこれを力づくで押さえ込んでなんとか秩序を保ってきたお国柄です。

その箍(たが)が外れるとなれば、帝国(グーラカーニー)が一気に崩壊に向かったのは自然の摂理といえました。

(＊07)ナワーブとしては、特にベンガル太守(ナーシリー朝)・アワド太守(ブルハーン朝)・カルナータカ太守(ナワーヤト朝)らが有名。
(＊08)1739年。前幕参照。
(＊09)本書「第1章第2幕」の(註10)を参照。
(＊10)「完璧」の成句の語源となった、中国戦国時代の趙国の宝物。

堰(せき)を切ったように各地の州長官(スーバダール)がぞくぞくと「太守(ナワーブ)」として独立化していったばかりか、州長官(スーバダール)ですらない地方の土豪にまで支配権を奪われていく…。

具体的には、パンジャブ地方はシーク教徒（A-2/3）、シンド地方はラージプート族（A/B-2）、デカン高原はマラータ同盟（B-3）の支配下に落ちていき、帝国(グーラカーニー)の実効支配地域は「デリーおよびアグラ（A/B-3）とその周辺のみ」という惨状にまで落魄(おちぶ)れていきます。

しかし。

帝国(グーラカーニー)の解体など、インド全体の歴史から見ればまだまだ「地獄の一丁目」。

インド世界の"本当の地獄"は、こうしたインド人同士の争いからではなく、「外」からやってきました。

それが欧州諸国がインド各地に作っていた商館(ヨーロッパ)(＊11)で、特に英(イギリス)　仏(フランス)がベンガル州（B-4/5）とカルナータカ州（D-3）で「商売仇(がたき)」として対立していました。

帝国(グーラカーニー)が盤石だったころは、帝国(グーラカーニー)にとって取るに足らぬ小さな"虫喰い(バグ)"にすぎませんでしたが、帝国(グーラカーニー)の力が衰えるや、たちまち"癌細胞(がん)"と化してあちこちに転移しはじめたのです。

その契機となったのは、インドとはまったく関係のないヨーロッパで起こった諍(いさか)い(＊12)でした。

これにより英(イギリス)　仏(フランス)がヨーロッパで交戦状態に入ると、その緊張がインドにまで波及してそれがカルナータカ州での軍事衝突に発展します。

これが所謂(いわゆる)「カルナータカ戦争（D-4/5）」です。

以降、20年近く3次(＊13)にわたってカルナータカ州の覇を争うことになりました。

（＊11）本書「第1章 第4幕」参照。

（＊12）1740～48年 オーストリア継承戦争。
　　　　オーストリア大公位および神聖ローマ帝位の継承問題がこじれて起こった戦争。

（＊13）英語発音で「カルナティック戦争」とも。
　　　　第1次が1744～48年、第2次が1749～54年、第3次が1758～63年。

第 7 幕　ムガール帝国の解体

　開戦当初は、仏領インド総督 J．F．デュプレクス（D-4/5）の活躍によってフランス優位に事が進みました（第 1 次）が、やがてカルナータカ太守（ナワーブ）やニザーム王国を巻き込んで戦争が泥沼化（第 2 次）すると、相次ぐ戦争によって財政難に喘ぎはじめたフランス本国(*14)が早期解決を望むようになります。
　── ええい、あと一歩なのに！
　継戦を主張するデュプレクスとあくまで和戦を望む本国（フランス）。
　この確執によって彼が更迭（1754 年）されてしまうと、これを境にフランスは劣勢になっていくことになります。
　休む間もなく、ふたたびヨーロッパで戦争(*15)が起こると、またしてもそれがインドに飛び火。
　それがあの有名なプラッシーの戦（B-4/5）です。
　このとき R．クライブ（B-5）率いる英（イギリス）軍はわずかに 3000。
　これに対して仏（フランス）・ベンガル連合軍は 6 万 2000。
　その兵力差たるや 20 倍を超え、これでは戦にもならない、フランス側の圧勝は間違いなし！…かと思いきや。

(*14) この財政難が嵩じてのちにフランス革命が起こったのは、この 35 年後。
(*15) 1756～63 年 七年戦争。シュレジエン帰属問題を巡ってプロシア・オーストリアを中心としてヨーロッパの主要国家をほとんど巻き込んで起こった戦争。

フタを開けてみれば、わずか半日でフランス軍が大敗を喫していました。

じつは、ベンガル軍中、5万の兵を率いる大将が開戦前からイギリスに内通しており、彼の軍が動かなかったからです(＊16)。

この一戦によりベンガル州の覇権を完全に失ったフランスは、翌58年、第3次カルナータカ戦争を起こして起死回生を図りましたが、デュプレクスのいないフランス軍はここでも敗れ、カルナータカ州の覇権まで失うことになります(＊17)。

こうして苦節20年、ようやくフランスを跪(ひざまづ)かせることに成功したイギリスはいよいよ"次の段階(ネクストステージ)"へと進みます。

そして、イギリスの牙が向けられる次なる相手は……。

インドの"ほんとうの悲劇"はここから始まります。

（＊16）内通者（小早川秀秋）が軍を動かさなかったため、わずか半日で大敗を喫した様は、まさに「関ヶ原の戦」を彷彿とさせます。

（＊17）第3次カルナータカ戦争の敗北でフランスはインドへの政治介入はできなくなりましたが、ポンディシェリ・シャンデルナゴルは戦後も維持し、貿易することは許されました。

第3章　蚕食されるイスラーム

第1幕

モグラ叩きの苦境
エジプト・アラビアの自立化

オスマンの弱体を見た諸国は一斉に襲いかかる。内にはエジプトが独立を図り、対外的には東からイラン、北からロシア、西からナポレオンが攻め寄せる。特にエジプトは帝国内でも屈指の穀倉地帯（デブレット）であり、これを失うことは帝国存亡に関わるため、帝国もこれを平定するべく必死にもがくが…。

大手柄を立てて出世すんぜ〜っ！

エジプト方面軍総司令官
ナポレオン＝ボナパルト

〈エジプト・アラビアの自立化〉

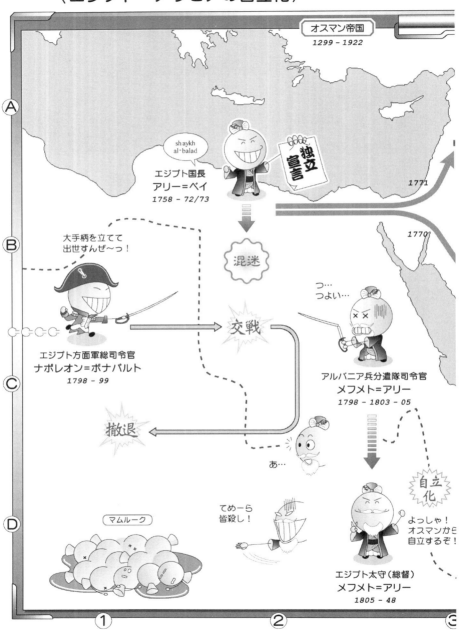

第1幕 エジプト・アラビアの自立化

18世紀後半〜1815年

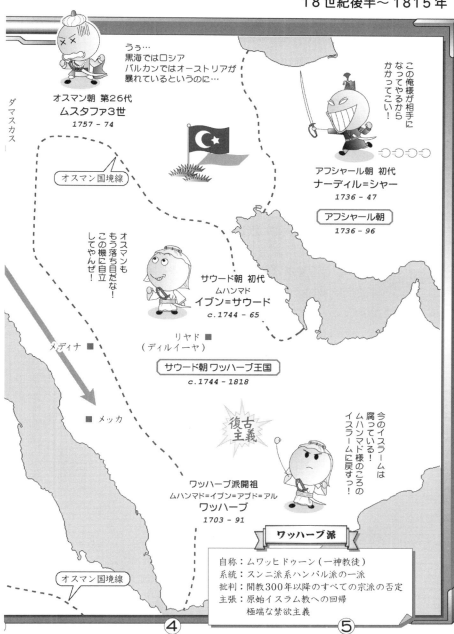

こまで18世紀半ばまでのイスラーム世界を見てまいりました。
　いずれもちょうど17世紀から18世紀へと世紀が切り替わるころから急速に後退がはじまり、中でもオスマン帝国はバルカン半島の領土（デブレット）をごっそり失ったため他の二帝国より危機感が強く、いち早く近代化に入ったものの、それも元軍人（イェニチェリ）（パトロナ＝ハリル）による叛乱によってあっさり失敗に終わりました。

　本章では「18世紀後半から1815年までのイスラーム世界」を扱いますが、すでに前章から始まっていたイスラームの腐敗と後退が、本章からいよいよ本格化することになります。

　その原因のひとつがちょうどこのころヨーロッパに起こった政治・経済・社会の激動です。

　イギリスでは産業革命（インダストリアル・レヴォリューション）が興り、アメリカ・フランスではほぼ時を同じうして市民革命がつぎつぎと勃発。

　これによりイギリスは在庫を捌（さば）くための市場を求めて植民地獲得に奔走するようになり、北米では合衆国（アメリカ）が生まれ、欧州（ヨーロッパ）では〝革命の落とし子〟としてナポレオンが生まれ暴れまくる。

　この、一見イスラームとは何の関係もないところで起こった〝激震〟が、やがて〝大津波〟となってイスラーム世界に襲いかかったのです。

　それでは、イスラーム世界はこれからどのように衰亡していくのかを見ていくことにいたします。

　オスマン帝国では、パトロナ＝ハリルの乱によって擁立された新帝マフムート1世でしたが、ほどなく彼（ハリル）を処刑して先帝の改革続行を企（はか）ります。

　しかし、前途は多難。

（＊01）第6次オスマン＝サファヴィー戦争（1730〜35年）。本書「第2章 第6幕」を参照。

（＊02）1735〜39年 第5次 露土戦争。「第3次」でロシアが奪ったアゾフは「第4次」でオスマンに取り返されていたため、そのさらなる奪還を狙ったもの。

（＊03）1737〜39年 第7次 墺土戦争。第5次 露土戦争と合わせて「墺露土（オーストリア・ロシア・トルコ）戦争」と呼ぶこともあります。

改革を円滑に推し進めるためにはなるべく対外戦争は避けたいところでしたが、すでに先帝の御世（みょ）からペルシア戦線（＊01）が開いてしまっていたからです。

1732年にはタフマースブ2世を討ってすばやい幕引きを図ったものの、今度は摂政ナーディル＝シャーが戦争を引き継いで挑んできたため、さらに長引き、1735年になってようやくペルシア戦線を閉じたと思ったら、今度はその年のうちにロシアが侵寇（＊02）、ヨーロッパ戦線が開いてしまいます。

しかも、これを見たオーストリアまで便乗参戦（＊03）してきたため、オスマン帝国はさきの「大トルコ戦争」を彷彿とさせるような苦境に。

それでもマフムート1世はよくこれを凌ぎ（しの）（＊04）、ようやくこれで平和が訪れるかと思いきや、このタイミングでふたたびナーディル＝シャー（アフシャール朝 初代）（A-5）が挑んできたため、またしても古傷（ペルシア戦線）が開いてしまう（＊05）始末。

まさに「あちらを叩けばこちら」というモグラ叩き状態がつづきましたが、これを凌いだときようやく以降3代22年間（1746〜68年）にわたる"ひとときの平和"が訪れました。

「よし！　これでようやく近代化に集中できる！」

しかし。

（＊04）1739年、対墺のベオグラード条約で、さきのパッサロヴィッツで奪われていたセルビア北部とワラキア西部を奪還。対露のニシュ条約ではロシアの野望を挫いている。

（＊05）1743〜46年 オスマン＝アフシャール戦争。

近代化にはかならず旧い時代でしか生きられない"抵抗勢力"が伴うことはすでに触れましたが、彼の近代化政策は大した成果も現れぬうちに"別の問題"が浮上し、深刻化していきます。
── 流水は濁らず、淀む水は腐る。
── 研がぬ刀は錆びる。
…と言いますが、軍隊もつねに実戦を経験させないとたちまち使い物にならなくなるものです。
　この"ひとときの平和"は、長らく実戦から離れることになった常備軍(イェニチェリ)をいよいよ弱体化させ、逆に18世紀後半以降の帝国解体(デブレット)に拍車をかける原因のひとつとなってしまいます。
　その弊害はまずエジプトから表面化しました。
　ムスタファ3世(A-4)の御世に入ったばかりの1758年、エジプトのマムルーク(*06)将アリー゠ベイが「国の長(シャイフ・アル・バラド)(A/B-1/2)」と名乗り、中央から

オスマン朝 第26代
ムスタファ3世

（＊06）オスマン帝国に併合される前（マムルーク朝）からエジプトを支配していた軍人勢力。オスマン支配の下を生きつづけ、オスマンの弱体化で息を吹き返してきていました。

（＊07）1768〜74年 第6次 露土戦争。次幕（A-3/4）参照。数え方によっては「第1次」。

派遣されていた総督(ワーリー)から実権を奪いましたが、それを制圧すべき駐 埃 常備軍(エジプトイェニチェリ)はすっかり弱体化していてまったく頼りにならず、逆に68年までに駆逐されて、事実上エジプトに独立されてしまう有様（A/B-2）。

　それどころか、これを見たロシアがその年のうちに侵攻(*07)してきたため、オスマンは北と南(ロシア)(エジプト)で挟撃されて(*08)総崩れを起こし、1770～71年までに北ではドナウ川以北、南ではヒジャーズ（C-3/4）・シリア（A/B-3）を失陥してしまう惨状に陥ります。

　ドナウ川を突破されればもう帝都(イスタンブール)まで目と鼻の先でしたし、そのうえ帝国(デブレット)経済の二大拠点であるシリア・エジプトを失陥したとなれば、帝国(デブレット)はまさに国家存亡の機。

　しかし。

　今回は、"幸運の女神"がオスマン側に微笑(ほほえ)みました。

　翌72年に快進撃だったアリー＝ベイが急死(*09)し、さらに翌73年にはロシアでも国を揺るがす大叛乱「プガチョフの乱(*10)」が勃発して、ロシアまでも戦争継続が困難となってしまったためです。

　そのおかげで翌74年には、ロシアと講和(*11)が成り、オスマンは一気にエジプトを平定する好機を得たにもかかわらず、すでに弱りきっていたオスマン帝国(デブレット)はこの好機を活かすこともできません。

　エジプト平定にモタついているうちにまたしてもロシアが侵寇(*12)してきてしまい元の木阿弥(もくあみ)。

　ところで、この対露戦争が再燃したこの年は、ちょうど西欧では「フランス革命」が勃発し、新たな動乱時代へと突入していた年でもありました。

（*08）このときロシアとエジプトは軍事同盟を結んで共同戦線を張りました。
（*09）一説には1773年。部下（アブー＝アル＝ザハブ）の裏切りに遭って殺されています。
（*10）1773～75年。ロシア史上最大の農民叛乱。
（*11）1774年 キュチュクカイナルジ条約。次幕（C-3/4）参照。
（*12）1789～92年 第7次 露土戦争。次幕（A-3）参照。数え方によっては「第2次」。

それはオスマンにとって「遠い西欧世界の他人事(ひとごと)」かと思いきや、ようやくロシアとの講和(*13)が成ったと思ったら、文字通り"海(地中海)"を飛び越えてそれが飛び火してくることになります。

　いまだ混迷を窮めるエジプトに「革命の子」ナポレオンが侵寇(きわ)してきたのです(*14)(B/C-1)。

　装備も戦術も理念も近代的なナポレオン軍を前にして、中世さながらのマムルーク将(ベイ)たちは奮戦むなしく潰滅、ナポレオン軍はアッという間に下エジプトを制圧してしまいます。

　これを見たオスマン帝国は正規軍(デブレット)だけでは心許(もと)ないと考え、アルバニア人の非正規軍を派兵してこれに当たりましたが、この中から頭角を現したのがメフメト＝アリー(C-2/3)でした。

　一方、エジプトを押さえたナポレオンは、自らを「オスマン圧政からの解放者」と喧伝して民心掌握を図(はか)ったものの、兵士の人種差別・宗教差別意識を抑えることができず、モスクの破壊・市民の虐殺・物資の掠奪などが行われたことで住民から憎まれ、これに失敗してしまいます。

　そのうえ、ほどなくイギリスに海上権を奪われてジリ貧、先が見えなくなってきていたところに本国(フランス)で「ナポレオン待望論」が起こっている(*14)ことを知り撤退(C/D-1)していきました。

　しかし、これで「台風一過」とはならず、ナポレオンが去ったあとのエジプトでは、オスマン正規軍・非正規軍・マムルーク軍団が三ッ巴となって混乱に拍車がかかることになります。

　こうした中、マムルーク軍団を制圧した(D-1)のがさきのメフメト＝アリーです。

(*13) 1792年 ヤッシー条約。次幕(C-3)参照。

(*14) 詳しい歴史背景については拙著『世界史劇場 駆け抜けるナポレオン』をご参照下さい。

(*15) 弱体化した王朝が新興勢力に「官位」を与えて懐柔しようとすることは古今東西よくあることで、たとえば日本では、新興勢力に対して朝廷が「将軍」や「関白」などの地位を与えることで懐柔を図ることが行われてきました。

第1幕　エジプト・アラビアの自立化

　彼の勢いに押されたオスマン帝国(デブレット)は、1805年、彼を「総督(ワーリー)」に任じる(D-2/3)ことで懐柔を図る(＊15)のが精一杯で、これを以てエジプトは事実上の独立を果たすことになりました(＊16)。

　しかも。

　そのお隣・アラビア半島(B/C/D-4/5)では、もうひとつの"災いの種"が芽吹いていました。

　ちょうどオスマン帝国(デブレット)がロシアと鎬(しのぎ)を削っていた(＊17)ころ、ナジュド地方(＊18)でムハンマド＝イブン＝アブド＝アル＝ワッハーブ(C/D-4/5)なる人物がワッハーブ派(D-5)という新宗派を開いて「イスラームの原点回帰」を叫んでいましたが、時と場所を同じうして、ディルイーヤ(現リヤド郊外)(B/C-4)の豪族ムハンマド＝イブン＝サウード(B/C-4)がオスマンの弱体に乗じて自立を画策していました。

　そこで、利害の一致を見たこの2つの勢力が結託し、1744年、サウード家を王家としワッハーブ派を国教とする「サウード朝ワッハーブ王国(C-4/5)」

マムルーク

てめーら
皆殺し！

自立化
エジプト太守(総督)
メフメト＝アリー

(＊16) 通常これを以て「アリー朝エジプト」と見做しますが、その肩書はあくまで「総督」であり、詳しくは、本書「第4章 第2幕」のコラム『エジプト王国の君号』をご参照下さい。
どの時点から「独立」と解釈するかは意見の分かれるところではあります。

(＊17) 第6次・第7次 露土戦争のこと。

(＊18) アラビア半島中央部の高原地帯、パネル地図ではリヤドを中心とした(B/C-4/5)あたり。

が生まれたのです。

　初めこそ、ディルイーヤとその周辺を押さえるだけの有象無象の小国のひとつにすぎませんでしたが、オスマン帝国(デブレット)がエジプトに手を灼いているその隙を突いてナジュドを統一したばかりか、1802年にはヒジャーズ地方（C-3/4）に侵寇するまでに勢力を拡大していたのです[*19]。

　こうしてオスマン帝国は19世紀に入るや、ヒジャーズ(デブレット)（1802〜04年）・エジプト（1805年）と立てつづけに失陥することになり、さらなる苦境へ追い込まれていきます。

　しかし、もはやオスマン帝国(デブレット)にはこの両国を押さえつけるだけの力はなく、さりとてこれを看過するわけにもいかず。

　そこでオスマン帝国(デブレット)は"一計"を案じることになったのですが……。

サウード朝 初代
ムハンマド
イブン＝サウード

サウード朝 ワッハーブ王国

オスマンももう落ち目だな！この機に自立してやんぜ！

（＊19）このころまでに現代のサウジアラビア王国とほぼ一致する領土を得ています。
　　　ちなみに現サウジアラビア王国は、「王家＝サウード家」「王都＝リヤド」「国教＝ワッハーブ派」という点においてワッハーブ王国の精神を継いでいるため、「第1次ワッハーブ王国（1774〜1818年）」「第2次ワッハーブ王国（1823〜1891年）」につづく「第3次ワッハーブ王国」として位置づけられています。

第3章 蚕食されるイスラーム

第2幕

抵抗勢力の反乱
セリムの新制

第6次・第7次露土戦争と連敗を喫したオスマン帝国はふたたび「近代化」へと大きく舵を切る。時の皇帝セリム3世(スルタン)は軍需工場を造り、フランスから軍事顧問を招聘し、軍人学校を創設して近代化に努める。しかしもはや病膏肓に入る。彼の努力を以てしても帝国の崩壊(デブレット)は止めることはできなかった。

やはり近代化だ！
近代化しかない！

ちぐじょ〜っ！
ど〜しても勝てん！

オスマン朝 第28代
セリム3世

〈セリムの新制〉

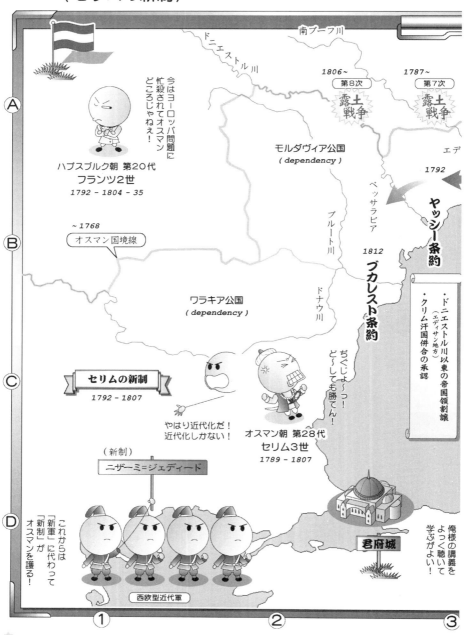

オスマン帝国(デブレット)において、ちょうどエジプトが独立を図っていたころ、ロシアはエカチェリーナ２世（A-5）の御世(みよ)でした。

彼女はピョートル大帝の外交政策を継承・発展させ、「近い将来イスタンブール(インペリウム)（D-2/3）を併呑、ここを帝都として旧ビザンツ帝国を再建し、その初代皇帝に我が孫コンスタンティン(＊01)を据え、これをロシアが地中海に進出する橋頭堡とする」という壮大な計画(＊02)を夢みていました。

その第一段階(ファーストステップ)として、まずは黒海北岸のクリム汗国(ハン)（A/B-4/5）を押さえなければなりませんが、ここを押さえていたのがオスマン帝国(デブレット)。

しかし、そのオスマンも今ではもう昔日の面影はなく。

そこで、エジプト独立に揺れるオスマンに圧力をかけて(＊03)開戦に持ち込みます。

これが前幕でも触れた第６次露土戦争(＊04)（1768〜74年）です。

しかし、ヨーロッパ戦線では帝国軍は30年近くにわたって戦争を経験していなかった(＊05)ため、兵質の劣化は著しく、大軍を以て寡兵に敗れることも珍しくないという惨状で、海に陸に連戦連敗を喫することになりました。

ロシアとしてはこのまま一気に君府(イスタンブール)まで突き進み、「ギリシア計画」を実現せんと意気込みましたが、突如起こった農民叛乱（プガチョフの乱）のために継戦が不可能となったことはすでに前幕で触れたとおりです。

こうして結ばれた講和が「キュチュクカイナルジ条約（B/C-3/4）」です。

まずロシアは、アゾフ（A/B-5）およびエディサン地方（A/B-3）の南ブーフ川（A-2/3）以東を手に入れたことで、ドン川（A-5）・ドニエプル川（A-3/4）両河口を押さえることに成功、これを流通の大動脈として機能させることが可能となりました。

（＊01）そもそもこの「コンスタンティン」という名前自体に「将来はコンスタンティノープルに君臨する皇帝となるように」という願いが込められています。

（＊02）これを「ギリシア計画」と言い、帝国の名も「バルカン帝国」と名づける予定でした。

（＊03）ポーランドで起こった反乱（1768年 コリーイの乱）を鎮圧するという名目で、ロシア軍がオスマン領にまで侵寇してきていました。

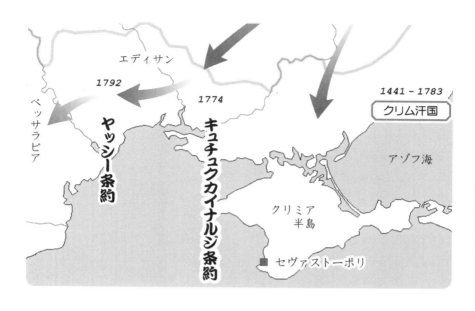

　さらに、オスマン帝国にクリム汗国(ハン)の宗主権を放棄させ、ボスフォラス・ダーダネルス両海峡（総称して「君府海峡(コンスタンティノープル)」）の商船自由航行権を得たことで、黒海の制海権を握る足掛かりも手に入れます。

　これはロシアにとってかなりの前進と言ってよいものでしたが、しかし、ロシアが夢見ていたものはあくまで「ギリシア計画」でしたから、この条件でも不満たらたら。

　したがって、プガチョフの乱を鎮定するや、ロシアはただちに"次の一手"を打ってきます。

　まずは1783年、クリム汗国(ハン)の内乱に乗じてポチョムキン(*06)（A-4/5）将

（*04）このころから「滅亡スパイラル」2周目に入ります。詳しくは「第2章 第1幕」を参照。

（*05）墺露土戦争（1735〜39年）以来。前幕（*03）参照。

（*06）プガチョフの乱鎮圧で功績を挙げ、女帝の寵愛を受けるように。エカチェリーナ2世には数多くの愛人がいましたが、中でも「真実の夫」というべき別格の存在。

軍にクリム汗国を併合（A/B-4）させます。

クリム汗国は、オスマン帝国にとって「君府をロシアから護る防波堤」であり、これがロシアの手に陥ちたとなれば、君府は"丸裸"状態。

これだけでもオスマンを刺激するのに、さらにセヴァストーポリ（B/C-3/4）に要塞を築き、黒海艦隊を創設し、そのうえ1787年にはこれ見よがしに女帝御自らクリミアに巡幸してオスマンを挑発。

これらの挑発にオスマンは激昂、これが契機となって露土戦争が再燃(＊07)することになりました。

しかし、戦況はまたしてもオスマン帝国の連戦連敗。

1792年のヤッシー条約（B/C-3）で、ロシアによるクリミア併合が事後承認させられると同時に、さらにドニエストル川（A-2）までの黒海沿岸（エディサン西部）（A/B-3）まで割譲させられることに。

こうした連戦連敗という"現実"を前にして、時の皇帝セリム3世(＊08)（C-2）は、決意を新たにします。

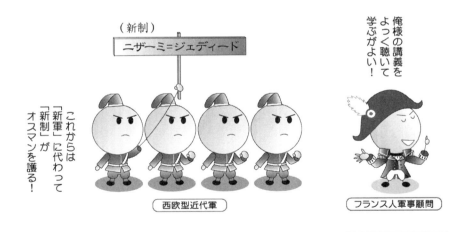

（＊07）1787～92年 第7次露土戦争。

（＊08）彼は「スレイマン大帝以来の賢帝」とも謳われることもある皇帝。

（＊09）これまでオスマン帝国は必要に応じて使節を派遣するのみで、「大使館」という常設機関を持っていませんでした。

── やはり近代化しなければダメだ！

しかし、近代化に力を注ぐためには、やはり対外戦争を控えなければならないというのは前幕のマフムート１世のころとおなじです。

そこで、ヤッシー条約が締結された年には大使館を設立(*09)して友好外交に努め、"ひとときの平安"を得て始まったのが所謂「セリムの新制」(*10)（C-1）です。

こたびの改革では、とにもかくにも「軍部の近代化が急務！」との認識から、「西欧型近代軍(*10)」を創設（D-1）することに力を注がれました。

軍隊の近代化のためには、何と言っても大砲を首めとする近代兵器を装備させなければなりませんから、軍需工場（D-5）の建設が急務となるのはもちろんですが、それを駆使する将兵が旧態依然とした古い考えではこれを活かしきれませんから、近代的な戦術知識・思想を持った将兵の育成が欠かせません。

そこで、併せて近代軍人を養成する軍事技術学校（D-4）も創設。

もちろん、校舎だけ建ててもすぐれた教師・教材（テキスト）がなければ学校運営は成り立ちませんから、フランスから軍事顧問団を招聘（D-3/4）し、フランス語戦術書の翻訳（D-4/5）を急がせます。

軍事技術学校　　フランス語戦術書の翻訳　　軍需工場

（*10）「ニザーミ＝ジェディード（Nizâm-ı Cedîd）」は「新制（or 新秩序）」という意味でアラビア語由来の外来語。トルコ語では「イェニデュザン（Yeni Düzen）」。
　　　もともとセリム３世による近代化政策全般を指す言葉でしたが、のちにこのとき創設された西欧型近代軍のことも意味するようになりました。

しかし、まだ成果も上がらぬうちに帝国(デブレット)は崩壊をはじめます。
　帝国(デブレット)の南では、ナポレオンがエジプトを引っ掻き回し（1798年）、新興ワッハーブ王国に二大聖地を奪われ(＊11)、エジプトが事実上独立を果たした（1805年）のは、すでに前幕で見てまいりました。
　のみならず、帝国(デブレット)の北ではバルカン各地(＊12)で独立暴動が続発、これらを後ろから糸を引いているのがロシアという構図。
　まさに"国家存亡の機"にあって、何より重要なのが"内なる結束"。
　しかし、国内ではセリム3世の「新制(ニザーミ・ジェディード)」に対する抵抗勢力の反発が日に日に強まってきており、文字通りの"内憂外患"。
　政敵を黙らせるには、政策の成果を明らかにすることが一番です。
── 一刻も早く新制(ニザーミ・ジェディード)の成果を示さねば！
　そこでセリム3世は、ロシアの圧力を打破すると同時に新型軍(ニザーミ・ジェディード)に戦果を上げさせるべく、1806年、キュチュクカイナルジ条約を破棄し、ボスフォラス・ダーダネルス両海峡のロシア商船の自由航行権を剥奪します。
　もちろんロシアがこれを黙認するはずもなく、条約不履行を口実に戦端が開かれ、ここに第8次露土戦争(＊13)(A-2/3)の幕が切って落とされました。
　セリム3世はさっそく前線に「新型軍(ニザーミ・ジェディード)」を派兵しようとしましたが、しかし守旧派(アンチセリム)からすれば、ここで万が一にも新型軍(ニザーミ・ジェディード)が大活躍を演じようものなら、さんざんこれを非難してきた自分たちの面目(メンツ)は丸つぶれです。
　そこで旧型軍(イェニチェリ)(＊14)は「改革の即時停止！」「セリム3世の退位！」を掲げて1807年、帝都(イスタンブール)で叛乱を起こします。
　まさに敵国(ロシア)と交戦中という、この非常時に！

（＊11）1802年に侵寇が始まり、1803年にメッカ、1804年にメディナを失陥しています。
（＊12）セルビア・ボスニア・ブルガリアなど。
（＊13）1806〜12年。数え方によっては「第3次」または「第7次」。
（＊14）「イェニチェリ」はもともとトルコ語で「新型軍」という意味でしたが、このころはすっかり旧式化しており、日本でいえば、幕末の「武士」のような存在。

たしかにいつの世もどこの国も、時代が「旧」から「新」へと移り変わるとき、旧体制の中で利権を貪り、旧体制の中しか生きていけない者たちは新体制の到来を否定し、これを潰そうとするものです。

日本の歴史に当てはめれば、幕末維新時代の「武士」こそがイェニチェリに相当し、彼らもまた新時代の到来を受け容れることができず各地で士族反乱を起こしたものでした。

しかし、時機(タイミング)が悪すぎます。

敵国との交戦中に内乱が起こるようでは、すでに帝国の病も膏肓(デブレット)に入っていたと言ってよいでしょう。

この叛乱によりセリム3世はあっさり廃位され、叛乱軍によって新たにムスタファ4世(*15)が擁立されたものの、守旧派(アンチセリム)の天下もわずか1年。

すぐに改革派(プロセリム)による反革命が起こってムスタファ4世に代わって新たにその弟マフムート2世が擁立され(*16)、これで事態は収まったかと思いきや。

その改革派政権もたった3ヶ月(みつき)でふたたび政変(クーデタ)に倒れ、守旧派政権に戻ってしまうという為体(ていたらく)。

(＊15) セリム3世の従弟。セリムの父 (第26代 ムスタファ3世) の弟 (第27代 アブドゥル＝ハミト1世) の子。

(＊16) 改革派はもともと幽閉されていたセリム3世を復位させようと立ち上がったのですが、それを懼れたムスタファ4世がセリム3世を殺してしまったため、仕方なくその弟マフムートを擁立 (1808年) することになりました。

わずか1年半のうちに3度政変(みたびクーデタ)が起き、そのたびに政府中枢が右へ左へと揺れ動いている有様で戦争に勝てるはずもありませんでしたが、ロシアはロシアで「ナポレオンがロシア遠征を企てている」との報に接し、戦争継続が困難となってきたため、1812年、ブカレスト条約（B/C-2/3）が結ばれることになりました。
　これにより、オスマン帝国はさらにベッサラビア地方(デブレット)(＊17)（B-2/3）を失うことになります。
　こうして2度目の近代化運動「セリムの新制(ニザーミ・ジェディード)」も失敗に終わり、オスマン帝国の「滅亡(デブレット)スパイラル(＊18)」はいよいよ"3周目"に突入することになります。

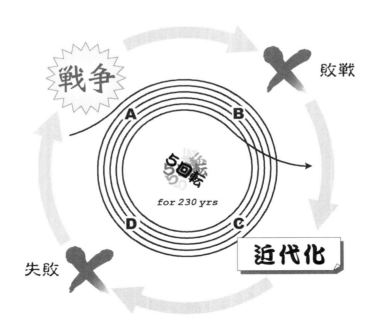

（＊17）モルダヴィア公国の東半分。プルート川とドニエストル川に挟まれた地。

（＊18）詳しくは「第2章 第1幕」を参照。

第3章 蚕食されるイスラーム

第3幕

遅咲きの天下人
カージャール朝のイラン統一

オスマン帝国が「滅亡スパイラル(デブレット)」2周目を走っていたころ、イランでも長らく〝戦国の世〟がつづいていたが、この再統一に成功したのがアーガー・ムハンマド。新王朝が生まれ、ここからイランの隆盛期が始まるのかと思いきや。やはり何人たりとも〝歴史の流れ〟に逆らうことはできなかった。

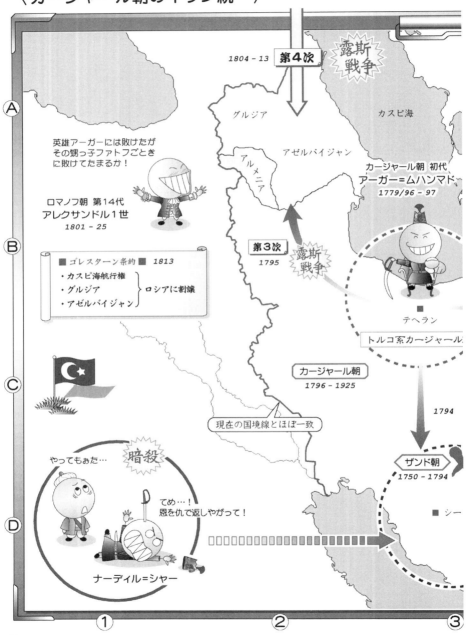

第3幕 カージャール朝のイラン統一

18世紀後半～1815年

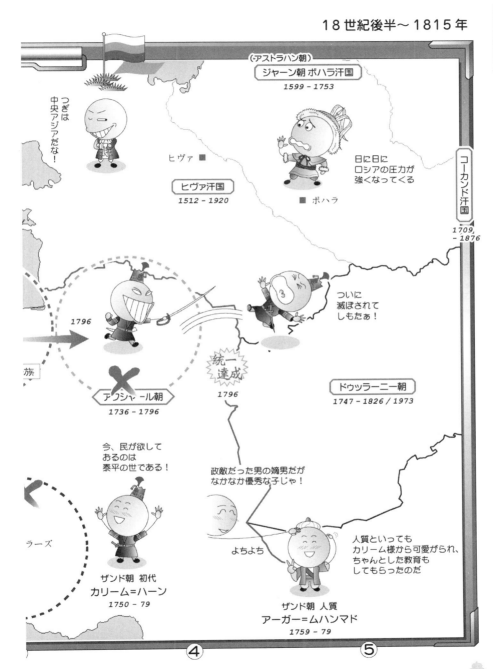

それでは、オスマン帝国が「滅亡スパイラル(デブレット)」の２周目を回っていたちょうどそのころ、お隣イランはどのような歴史を歩んでいたのでしょうか。

　18世紀初頭からサファヴィー朝の支配が弛緩していく中、18世紀いっぱいのイランはさながら"戦国時代"の様相を呈していました。

　それは16世紀後半の日本の戦国時代と似ているところが多いため、これと比較しながら見ていくとより理解しやすいかもしれません。

　1722年にサファヴィー朝が事実上崩壊して各地に群雄が割拠するようになると、ナーディル＝シャーが最後の皇帝（タフマースブ２世）を戴いて天下に号令したことはすでに触れましたが、これは、室町幕府の統一が破れて各地に戦国大名が割拠するようになったとき、最後の将軍（足利義昭）をいただいて天下に号令した織田信長を彷彿とさせます。

　ナーディルという人物はたいへんなカリスマ性を持ち、指導力にも優れていましたが、反旗を翻したデリーの住民３万人を虐殺するなど、自分に逆らう者に対しては容赦のない冷酷・残忍な殺戮を繰り返したため、敵ばかりか身内からも怖れられた人物でした。

　結局そうした"激情型"の性格が彼の命取りとなり、最期は志半ばで家臣に暗

（＊01）通常、新王朝が起つと前王朝の王族は皆殺しとなりますが、当時はまだアフシャール朝が勃興地ホラサンでくすぶっていたにもかかわらず、彼はこれを亡ぼそうとしませんでした。こうしたやり方も、前政権の織田氏を亡ぼすことなく大名・旗本として取り立てた豊臣秀吉を思い起こさせます。

殺されてしまいます（D-1）。

　これは比叡山の焼き討ちに代表される信長の非寛容・冷徹な手口、そして重臣すらも震えあがらせた仕置きを思い起こさせ、最期は志半ばで家臣（明智光秀）の手に落ちた（本能寺の変）ところまで瓜二つです。

　さて、ナーディル亡きあと彼の事業を継承したのは、彼を謀殺した者ではなく、彼の幕僚の中から頭角を現したカリーム＝ハーン（D-3/4）。

　信長亡きあとその事業を継承したのが、謀反を起こした明智光秀ではなく、その武将の中から頭角を現した豊臣秀吉だったように。

　カリームは後世「大王」と讃えられたほどの名君で、シーラーズ（D-3）を拠点にザンド朝を開き、天下統一に王手をかけましたが、彼はナーディルのように統一を急がず(*01)、それより荒廃した帝国（シャーヒー）の復興に力を注いだため、ついに天下（イラン）統一には至らなかった代わりに、彼の治世40年、国内はたいへんな栄華を誇ることができました。

　こうして帝国（シャーヒー）はひとときの平安を得たものの、1779年、彼が病死するとふたたび世は乱れ、その混乱の中から天下（イラン）を再統一したのがアーガー＝ムハンマド（B-3）です。

　順番的に言って、彼は"徳川家康"ということになりますが、彼もまた家康同様、長く人質として暮らしていました(*02)（D-4/5）。

　しかし、アーガーはカリームの死を知るや、ただちに混乱するシーラーズを脱出してテヘラン（B/C-3）に拠り、ここで自立します。

　これがのちのカージャール朝であり、これによりイランはしばらくカージャール朝（B/C-2/3）・ザンド朝（D-3）・アフシャール朝（B/C-3/4）の三国鼎立（ てい）時代に入ります(*03)。

(*02) とはいえ。「人質」というと囚人のような扱いを受けたイメージがあるかもしれませんが、カリーム＝ハーンからたいそう可愛がられ、きちんとした教育も与えられ、みじめなものではありませんでした。その点も、徳川家康の人質生活とよく似ています。

(*03) 「三國志」で準えれば、天下を統一したカージャール朝が「魏（＆晋）」、イの一番に亡ぼされたザンド朝が「蜀」、最後まで踏ん張ったアフシャール朝が「呉」といったところ。

ところで、アーガー＝ムハンマドはシーラーズを脱出したときすでに45歳（＊04）で、そこからカスピ海（A/B-3）南岸を押さえ、テヘランを拠点としてそこから南征、内訌に苦しむザンド朝を亡ぼしたとき、彼はもう還暦を迎えていました。

　とはいえ、ここまで来れば、残すはホラサンで風前の灯火（ともしび）となっているアフシャール朝を亡ぼすのみ。

　しかし彼には、その前にどうしてもやっておかねばならないことがありました。

　それが「ロシアの脅威を取り除く」こと。

　じつはちょうどこのころ、イランの北に隣接するロシア帝国（インピェーリヤ）はひたすら「南下政策（求海政策）」に邁進していました。

　ロシアの南下政策の詳細については「第5章 第1幕」に譲るとして、その"魔手"が迫ってきていたため、アーガー＝ムハンマドは天下（イラン）統一を後回しにしてでもロシアを討つことが急務となっていたのです。

　彼はザンド朝を亡ぼしたその返す手で北伐（＊05）を開始（B-2）、ロシアを打ち破ってグルジア（A-2）を支配下に置きます。

　こうしてロシアの圧力を押し返し、北の脅威が一段落したことでようやく東征に入り、1796年、ついにアフシャール朝を亡ぼして天下（イラン）を統一しました（B/C-4）。

　天下（イラン）統一を果たし、カージャール朝の初代皇帝（シャー）として即位したとき、彼はもう齢62歳を数えていましたが、彼に準（なぞら）えられた徳川家康が「征夷大将軍」に就任したのが奇しくも62歳（＊06）の時でしたから、どちらも"遅咲きの天下人"という点でも似ています。

　こうして、アフシャール朝・ザンド朝と2つの短期政権を経て、アーガー＝ムハンマドの下、ようやくイランにも安定的な統一王朝が生まれることになり

（＊04）生年1734年説の場合。1742年説もあるので、その場合は37歳。
（＊05）1795～96年 第3次露斯（ロシア・イラン）戦争。

ましたが、これは、長らく今川氏の人質生活を強いられていた"苦労人"徳川家康が、今川義元の死とともに岡崎で自立し、やがて織田・豊臣の二代にわたる短期政権を生き延びて、ついに"徳川三百年"の安定政権を創りあげた経緯とよく似ています。

- ナーディル＝シャー ≒ 織田信長 ← 冷徹・非寛容・カリスマ
- カリーム＝ハーン ≒ 豊臣秀吉 ← 優秀・寛容
- アーガー＝ムハンマド ≒ 徳川家康 ← 人質経験・世襲王朝の祖

"イラン戦国時代"も日本の戦国時代も、ともに動乱の世を受け、二代の短期

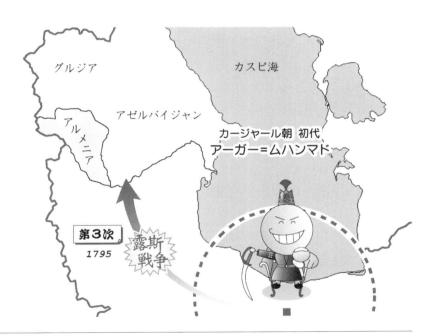

（＊06）このときの家康の年齢について、書物によって「60歳」「61歳」「62歳」となっているため混乱させられますが、じつはこれ、歳の数え方にブレがあるためです。
家康の歳を「満」で数えると「60歳」となりますが、西暦を元にして「数え」で数えると「61歳」となり、旧暦を元にして「数え」で数えると「62歳」となります。

政権を経てようやく安定政権の誕生となっており、かつ、3人の個性(キャラ)までそっくりで、まさに「歴史は繰り返す」とはよくいったものです。
　これを江戸時代の落首
──織田が搗(つ)き 羽柴が捏(こ)ねし天下餅 座りしままに喰らうは徳川
…に準えれば、
──ナーディルが搗き カリームが捏ねし天下餅 座りしままに喰らうはアーガー
…といったところでしょうか。
　しかし。
　統一したからといって、彼に休息は与えられませんでした。
　捲土重来(けんどちょうらい)、ふたたびロシアがグルジア方面に圧力をかけてきたためです。
　アーガー＝ムハンマドは天下を統一したばかりだというのに、老体に鞭打ちただちにグルジアに軍を進めます。
　ところが、まさにその遠征途上、彼は急死してしまいます(＊07)。
　享年64、天下統一の翌年(イラン)(＊08)のことでした。
　建国したばかりでまだ地盤も固まっていない国が優れた指導者を失うと、そのまま瓦解してしまう可能性は非常に高い。
　しかもその跡を継いだのは彼の甥っ子で、まだ24歳という若さのファトフ＝アリー＝シャー。
　帝国に暗雲が垂れこめましたが、ファトフはまもなく先帝の意志を受け継ぎ、グルジア遠征を始めます。
　この動きに触発されてロシアも南下してきたため、ここに第4次露斯(ロシアイラン)戦争(＊09)(A-2)が勃発することになりました。
　ロシアはカフカス山脈を乗り越えなければならない遠征の身であるうえ、

(＊07) 彼は晩年、横暴となっていたため、処罰を恐れた召使2人組に寝込みを襲われ、殺されています。これは、何かと横暴だった張飛が、同じく処罰を恐れた部下2人組に寝込みを襲われ殺されたことを彷彿とさせます。「横暴は我が身を亡ぼす」という好例。

(＊08) 彼に準えられる徳川家康が亡くなったのも、大坂夏の陣(1615年)で豊臣氏を亡ぼして完全に天下を統一した翌年のことです。

ちょうどナポレオン戦争のド真ん中で、フランスとも戦わなければならない不利がありましたから、もしこれがアーガー＝ムハンマド存命中であれば結果も違ったことでしょう。

　しかし。

　やはり経験不足の若いファトフには荷が重すぎたか、カージャール朝の惨敗。

　1813年、ゴレスターン条約(B-1)が結ばれ、カージャール朝はグルジア・アゼルバイジャンを失陥、建国からまだ20年と経っていないというのに、これを契機に帝国ははやくも衰亡期(シャーヒー)に入っていくことになります。

　通常、新王朝が生まれればそこからしばらくは隆盛期に入るものです。

　でも、仮にここでカージャール朝が歴史の定石どおりに隆盛期に入ったならば、イスラーム文化圏全体が衰亡期に入る中、カージャール朝だけが繁栄期に入ることになり、"歴史の流れ"がちぐはぐになってしまいます。

　やはり歴史には"大きな歴史の流れ"というものが存在し、何人たりともこれには逆らえない —— ということなのかもしれません。

英雄アーガーには敗けたがその甥っ子ファトフごときに敗けてたまるか！

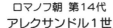

ロマノフ朝　第14代
アレクサンドル1世

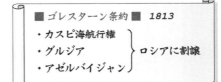

■ ゴレスターン条約 ■　1813
・カスピ海航行権
・グルジア　　　　　｝ロシアに割譲
・アゼルバイジャン

（＊09）ここから「第1次」と数えることもあります。ナポレオンが帝位に就いた年（1804年）に始まり、ナポレオンがライプツィヒの戦で没落した年（1813年）に終わっていますから、ちょうどナポレオンがヨーロッパで暴れまわっていた時期と一致します。

Column 王朝の盛衰と系図

　世界中の国の歴史が頭の中でアニメーションのように展開するようになるためにはコツがあります。

　それが本シリーズでもその重要性を力説している「地図」、そして「年表」、最後が「系図」です。

　この３つが"三位一体（トリニタス）"となったとき、歴史の動きが頭の中でアニメーションのように動きはじめるのですが、現代の歴史教育ではその３つともまるで教えられていませんから、学生が歴史を理解できないのも必然なのです。

　当然、筆者も系図を参照しながら歴史を学ぶのですが、これを見ているといろいろとおもしろい法則性に気づきます。

　どの王朝の系図を見ても、たいてい上半期は父子相続がつづき一本線なのに、下半期になると兄弟相続・従兄弟（いとこ）相続・叔甥（おじおい）相続が頻発し系図が乱れます。

　系図が乱れはじめたところを調べると、ほとんど絶頂期の皇帝から２～３代あとから始まります。

　オスマン帝国も前半１４代（デブレット）まではすべて父子相続で一本筋ですが、後半２２代は兄弟相続・従兄弟相続・叔甥相続が頻発し、父子相続はたった２回しかありません。

　ムガール帝国（グーラカーニー）も前半８代まではすべて父子相続ですが、後半９代は相続が乱れています。

　本書でちらちら登場する清朝も同様です。

　これはたまたまではなくちゃんと理由があり、王朝の絶頂期は宮廷を腐敗させ、派閥が跋扈（ばっこ）するようになり、帝位の父子相続の原則を無視して自分の利権を守ってくれる皇帝を擁立しようとするからです。

　企業も同様、隆盛期を越えて安定期に入るとたいてい派閥が生まれてくるようになりますが、そうなると内部抗争が組織の結束力を奪っていき、その企業も「先がない」ということになります。

第3章 蚕食されるイスラーム

第4幕

内訌の罠

インドの植民地化

インドの覇権闘争を勝ち抜いたイギリスは、いよいよその牙をインドに向けてきた。この段階からいよいよインドの植民地化が本格化する。しかし、間の悪いことに、当時のインドはいわば"戦国時代"。イギリスの侵掠(しんりゃく)に対抗するためには、インド諸藩が結束して事に当たらなければならないのだが……。

〈インドの植民地化〉

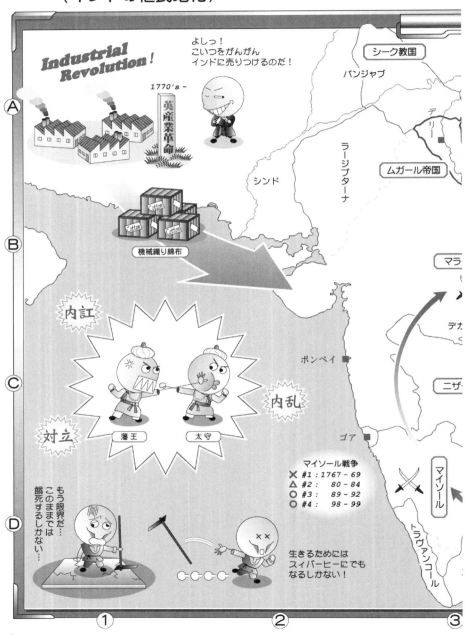

第4幕 インドの植民地化

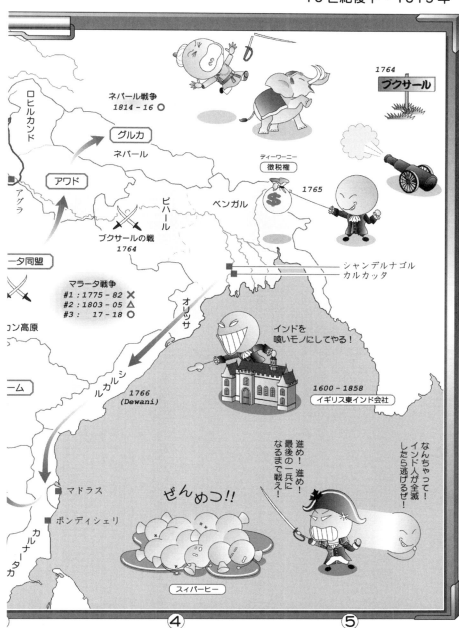

本章で扱っている18世紀後半から1815年という時代は、イスラームに対するヨーロッパの圧迫が急速に強くなった時代です。

すでに見てまいりましたように、オスマン帝国・カージャール朝ではロシアがその圧力を日に日に強めた時代でしたが、本幕で扱うムガール帝国(グーラカーニー)ではイギリスがインドの植民地化を本格化させた時代となります。

前段階では、ムガール帝国(ムガール)の弱体化をいいことに"他人の庭先"で英(イギリス)仏(フランス)が勢力争いを繰り広げたものでした(＊01)が、これに決着を付けたイギリスは、以降、手に入れたカルカッタとマドラス(B-4/5)を守るための「防波堤(バリア)」構築に全霊を傾けるようになります。

イギリスがフランスを蹴落としたのが1763年でしたが、早くもその翌年には、ブクサール(B-4)において「ムガール(A/B-3)・アワド(A/B-3/4)・ベンガル(B-4/5)連合軍」を打ち破り、ベンガル・ビハール(B-4)・オリッサ(B/C-4)3州の徴税権(ディワーニー)を奪って(＊02)事実上これを支配下に置くことに成功します。

以降、ムガール帝国(グーラカーニー)は、仇敵(イギリス)から"お情け(年金)"をもらって生き存(なが)えるだけの存在となり下がりました。

国家でも企業でもその他の団体でも、外部からの支援や保護を受けなければ自らの存続を維持できなくなったとき、その組織はその時点で「独立体」とはいえません。

ムガール創建以来240年。

帝国(グーラカーニー)はさらにあと1世紀ほどつづきますが、このブクサール敗戦後のムガールはもはや「帝国(グーラカーニー)」とは名ばかり、実質的にはこの時点ですでに"滅亡"同然になったといえます。

(＊01) 本書「第2章 第7幕」参照。

(＊02) 1765年 アラーハーバード条約。まだベンガル太守そのものは健在でしたが、"財布の紐"を握られ、そのうえ行政権はイギリスの息のかかった「副太守」に実権が移されましたのでは、もはや単なる"お飾り"。以降段階的に、諸権利を奪われていくことになります。

(＊03) 現 サルカール地方。ここも徴税権を奪っています。

第4幕　インドの植民地化

　ところで。
　ベンガルとカルナータカ(D-3)、2ヶ所を実効支配するようになったイギリスは、すぐに次なる手を打ってきました。
　2ヶ所の飛び地を手に入れたら次にこれを繋げたいと思うのは人情。
　翌1766年には両地の間にあるシルカル(C-3/4)を押さえ[*03]、ついにインド亜大陸の東海岸を実質的に手中に収めると、その侵掠の手を止めることなく、藩王国同士の対立を巧みに利用してニザーム(C-3)を味方につけながらそのまま西方──マイソール王国(D-3)・マラータ同盟(B-3)へ侵寇していきます。
　しかし。
　如何なるイギリスといえども両国の支配は一筋縄にはいかず、マイソール王国とは以降4次にわたって30年以上[*04](D-2/3)も戦い、マラータ同盟とは3次にわたって40年以上[*05](B-3/4)も戦うことになります。
　緒戦こそ敗戦を経験し、苦しい戦を強いられたイギリスでしたが、徐々に戦

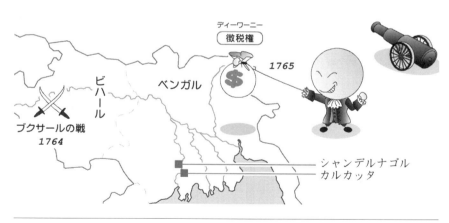

(*04) 第1次が1767〜69年、第2次が1780〜84年、
　　　第3次が1789〜92年、第4次が1798〜99年。
(*05) 第1次が1775〜82年、第2次が1803〜05年、第3次が1817〜18年。
(*06) マイソール戦争もマラータ戦争も「第1次」こそイギリスは敗れたものの、「第2次」で引き分けに持ち込み、「第3次」以降で逆転に転じています。

局を好転させ、最後にはこれらを征服することに成功しました。

なぜ逆転が可能になったのか。

これについて、よく「兵器の性能差」で説明されていることが多いですが、それは「その一を識りて二を知らず」「獣を逐いて太山を見ず」で、「なぜ雪が降るのか」の問に「寒いから」と答えているようなもの。

それはそうかも知れませんが、本質を衝いた答えとはいえません。

たしかにちょうどこのころからイギリス本国で産業革命(インダストリアル・レヴォリューション)（A-1）が興り、兵器の性能が上がりました。

しかし、それだけであの小さな島国(イギリス)が大国インドを制圧するなど、「握斧を手に入れた原始人が巨大マンモスに突進していく(トマホーク)」ようなもので、土台無理なことです。

広さで比べれば、インド（490万km²）はイギリス（24万km²）の20倍。

人口に至っては、当時（18世紀）のイギリスの人口がたかだか600万人だったのに対し、インドの人口は1億5000万〜2億に達していましたから、その差はなんと30倍。

さらに、これに地理的な不利も加わります。

戦争というものは、兵站が長くなればなるほど不利になりますが、イギリス本国とインドの距離は2万2000km(＊06)。

英印間(イギリス インド)を1往復するだけで、地球一周（4万km）をはるかに超える距離を移動しなければなりません。

これほどの不利となるともう、たかが銃火器の優劣ごときでどうこうなる類のものではなく、これをひっくり返すためにはもっと根源的な"理由"が必要となります。

（＊06）当時はまだスエズ運河が開通していなかったため、アフリカ廻り航路の距離。
スエズ開通（1869年）後は、その半分の距離でインドに到達できるようになります。
ちなみに日露戦争の時、大国ロシアが島国日本に敗れた敗因のひとつが兵站があまりにも長かった（9000km）こと。

（＊07）おもに機械織りの綿織物。

じつはそれこそが ――「さすが狩猟民族」というべきか ―― 彼らの"狩り(侵掠)の手口の狡猾さ"です。

当時、イギリス本国政府からインド統治を任されていた特権貿易会社「東インド会社（C-4/5）」は、あの手この手搦め手でインドを攻めて立てます。

まず、経済面では産業革命商品(*07)（B-1/2）を大量にインドに売りつけることで潤沢な戦費財源を確保できるようになったのと同時に、インド側では安価な綿織物が出回ったせいで地場産業が潰滅、イギリスと戦い抜くための国力が削がれていくことになります。

さらに彼らは、インド諸藩と正面から正々堂々戦うのではなく、インド人同士で憎しみ合わせ、潰し合わせることに徹します。

藩王(ラージャ)や太守(ナワーブ)などの利害や対立（C-1/2）を巧みに煽ってお互いをいがみ合わせ、なるべく憎しみがこちらに向かないように仕向ける。

それでも戦わざるを得なくなったときは、東インド会社が雇っていた現地人(インド人)の傭兵部隊「スィパーヒー(*08)（D-4）」を前線に投入し、形の上では「藩王(or 太守(ナワーブ))vs イギリス」であっても実際に最前線で殺し合っているのは「インド人 vs インド人」という構図にします。

（*08）1757 年、プラッシーの戦のあった年に始まり、初めのころは教養と規律がある高カースト（身分）から選ばれていました。語源はペルシア語の「戦士」。オスマン帝国のスィパーヒーと同じ名称ですが、似て非なる物で、オスマンの方は半農半士の騎士であるのに対して、インドのスィパーヒーは歩兵の傭兵。
そこでオスマンのそれと区別して、こちらを「セポイ」と呼ぶこともあります。

つまり。
──インドから奪った富でインド人を傭って、インド人同士を殺し合わせる。
　しかも、傭兵(スィパーヒー)の後衛にはかならずイギリス人兵士が配備され、その銃口は敵兵にではなく、前衛で必死に戦う自軍傭兵(スィパーヒー)に向けられていました。
　戦況悪化で傭兵(スィパーヒー)が退きはじようものならこれを撃ち殺すために。
「退くことは許さん！　我が軍に撤退の文字はない！
　最後の一兵まで戦うのだ！　退く者は撃つ！」(D-5)
　イギリス人将校は後陣から「不退転！」を叫び、それでも後退しようものなら本当に撃ち殺します。
　ところが、そうして傭兵(スィパーヒー)が全滅してしまうと、さきほどまでの威勢は一変。
「全軍撤退！！」
　踵(きびす)を返して一斉に退きはじめ、けっしてイギリス人の血は流させない。
　打ちつづく戦争で国土が荒廃するのもインド(D-1)。
　戦場で折り重なる屍(しかばね)も片端からインド人(D-4)。
　一局地戦ごときに勝とうが負けようがイギリスは痛くも痒(かゆ)くもない。
　逆にインド側では、目の前の局地戦にたとえ勝ちつづけたとしても、戦うたびに疲弊していくことになります(＊09)。
　社会が疲弊すれば、職を失った者たちが大量に社会に溢れ、彼らは「食べるため」に傭兵(スィパーヒー)とならざるを得ず(D-2)、イギリスは傭兵(スィパーヒー)が戦場で何千何万と虫ケラのように殺されていっても補充に困ることはありません。
　さらに、平時においては圧政の末端を傭兵(スィパーヒー)たちにやらせる。
　目の前で横暴を働くのは傭兵(スィパーヒー)なので、庶民の怨みは傭兵(スィパーヒー)たちに向き、いよいよ同じインド人同士で憎しみ合ってくれます。
　こうした「現地民と現地民を憎しみ合わせ、殺し合わせ、現地民の力が疲弊

(＊09) これは中国の楚漢戦争における「項羽と劉邦」を彷彿とさせます。
　　　項羽は、前線では勝ちつづけ(戦術の勝利)ながら、勝てば勝つほど疲弊し(戦略の敗北)、最後には亡びました。「戦術の勝利」は必ずしも「戦略の勝利」に繋がらないということを理解できない者の末路はいつもこんなものです。

し、衰えきったころで制圧」というやり口は卑劣きわまりないものですが、その効果は絶大。

こうして、あの大国インドともあろうものが、島国イギリスに喰い尽くされていくことになったのでした。

同胞であるはずのマイソール王国が徐々に追い詰められていく中、北のニザーム王国(*10)はイギリスに阿(おもね)って自らこれに隷属する道を選び、さらにその北のマラータ同盟とアワド王国は、ニザームの危機など目もくれずお互いに抗争を繰り広げ、イギリスに援軍を求める始末。

まるで大局(戦略)が見えておらず、目先の勝敗(戦術)のみに右往左往。

外国に援軍を求めて、よしんばそれで目先の戦(いくさ)に勝ったとして、それで得た利権が自分のものになるわけがありません。

気が付いたときには、マラータ同盟は北(アワド)も東(ベンガル)も南(ニザーム・マイソール)もイギリスに包囲されていました。

今こそ結束が必要なとき、今度はマラータ諸侯同士で内訌(ないこう)が起きて亡んでいくことになります。

こうして歴史を紐解いたとき、表面だけ見れば"イギリスに亡ぼされた"ことになっているインドは、実際のところ"自滅した"と言った方がいい状態だったことがわかります。

(*10)本書「第2章 第7幕」参照。当時のインド諸藩国の中では最大版図を擁し、人口1600万人を抱える、イギリスが定めた藩王国序列の筆頭の国。

Column　イギリス人とインド人

　こうしてイギリスはインドの植民地化を本格化していくことになりましたが、その際、英国政府(イギリス)は学者たちに命じてインドの歴史・神話・宗教・伝統・風習・学問・文化・言語などを徹底的に調べさせました。
　ひとつには「敵を知り己(おのれ)を知らば百戦殆(あや)うからず」の兵法どおり、これから支配しようとしている民族の特質を知り尽くして、より効率のよい支配を行うため。
　もうひとつが、インド人が如何(いか)に「奴隷に相応(ふさわ)しい劣等民族であるか」の学問的根拠を見つけ出し、それを徹底的にインド人に教え広め、尊厳(プライド)を崩壊させ、反抗心を萎(な)えさせ、支配を円滑にさせるため。
　このときイギリス人は「インド人が劣等民族であることは客観的真実」と信じて疑っていませんでしたから、「きちんと学術的に調べれば、彼らが劣等民族であることを裏付ける証拠などいくらでも出てくるはず」とタカを括(くく)っていました。
　ところが、フタを開けてみれば意外な結果に終わります。
　調べれば調べるほど、インド人とイギリス人はそっくりだということが判明したのです。
　インドの神話を調べると、イギリスに古くから伝わる神話とよく似ていましたし、言語体系も文法から単語からそっくり。
　たとえばサンスクリット語で「chandra(チャンドラ)」は語源的には「暗いところで光り輝くもの」という意味ですが、英語で「candle(キャンドル)」もそうです。
　母は英語で「mother」ですが、サンスクリット語では「matar」。
　こうして、「インド人の劣等性」を証明しようと証拠集めをした結果、逆に、自分たち(イギリス人)とインド人はたった4000年前まで中央アジアのステップ地帯に住んでいた同じ民族(アーリア人)の末裔だということが判明したのです。
　そもそも民族に優劣などあるはずもなく、「優劣がある」とする発想自体が"劣等な発想"だと自覚する必要があります。

第4章 東方問題

第1幕

自由か、しからずんば死か
ギリシア独立戦争

第2次ウィーン包囲から始まったオスマンの解体は、19世紀に入るとともに急速に加速していく。バルカン半島を中心としてヨーロッパ列強とオスマンとの対立抗争を総称して「東方問題(イースタンクエスチョン)」と呼ぶが、これがいよいよ本格化する。その契機はギリシア独立戦争であった。

この非道を広く伝えるのだ！

キオス島の虐殺

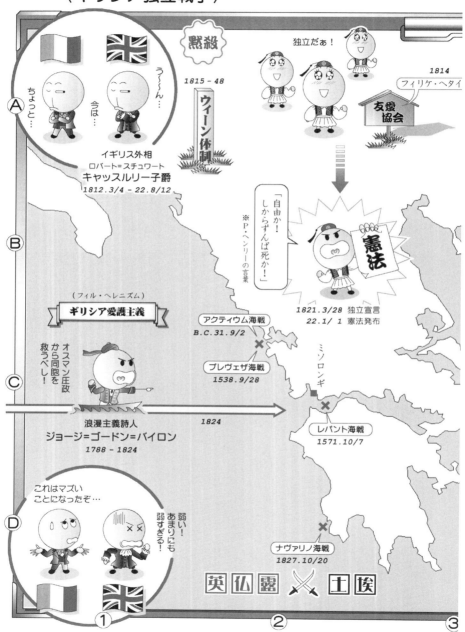

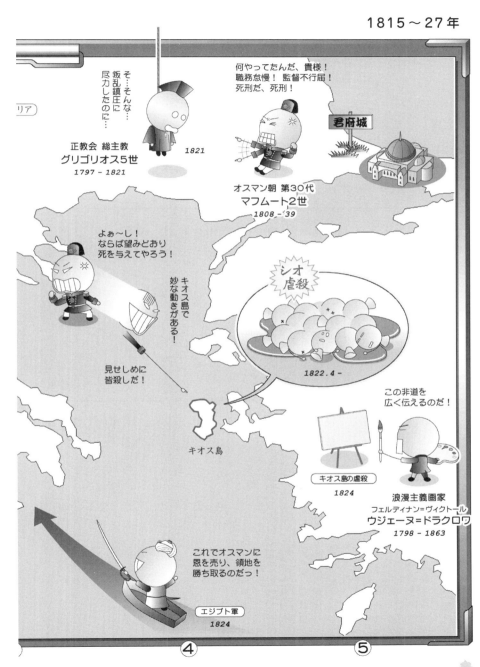

本章から新しい歴史段階（1815年から1870年代）に入ります。
　1299年、アナトリア半島の片田舎にポツンと生まれて以来、あれよあれよという間に三大陸を股にかける大帝国へと発展していったオスマン帝国(デブレット)でしたが、それゆえに軋轢(あつれき)もまた強くなるのは当然のことで、これによりバルカン半島を中心として「ヨーロッパ諸国 vs オスマン帝国(デブレット)」という対立構造が永くつづくことになりました。
　これをヨーロッパ側の呼称として「東方問題(イースタンクエスチョン)」と言います。
　しかしながら、あまりにも長くつづいたため、一口に「東方問題(イースタンクエスチョン)」といっても、大きく4期に分かれています(*01)。

---
① 14世紀末 ～ 18世紀後半 ……………… 　前巻 ～ 本巻「第2章」
　：初めバルカン諸国、バルカン制圧後はオーストリアと対決した時代
② 18世紀後半 ～ 1815年 ………………………… 　本巻「第3章」
　：ロシアの南下政策が強まり、露土戦争が頻発した時代
③ 1815年 ～ 78年 ……………………………… 　本巻「第4章」
　：露土戦争が最終局面を迎えた時代
④ 1878年 ～ 1922年…………………………………… 　次巻
　：欧州列強に帝国領を蚕食され、亡びゆく時代

　そのため、定義もブレを見せ、広義では「第1～4期」全体を指しますが、一般的にはロシアの圧力が強まった「第2～3期」を指し、狭義では「第3期のみ」を指して呼びます。
　本章では、もっとも狭義の東方問題(イースタンクエスチョン)を学んでいくことになります。
　ところで「1815年」という年は、ヨーロッパ史を学ぶ上できわめて重要な意

（＊01）東方問題 第1期に起こった露土戦争が、第1次 ～ 第5次。
　　　東方問題 第2期に起こった露土戦争が、第6次 ～ 第7次。
　　　東方問題 第3期に起こった露土戦争が、第8次 ～ 第11次。
　　　露土戦争の数え方については本幕コラムを参照のこと。

味を持ちます。

　19世紀初頭にヨーロッパを席巻したナポレオンも、ついにこの年、ワーテルローに散り、セントヘレナ島に流されました(＊02)。

　これにより"旧（ふる）い時代"が終わり、"新しい時代"の幕開け ── となるはずでしたが、このときのヨーロッパはこれを「拒絶」するような挙に出ます。

　さんざんナポレオンに引っ掻き回され、破壊された旧い国際秩序（インターナショナル・オーダー）(＊03)を再構築するため、新・国際秩序「ウィーン体制（A-1/2）」が敷かれることになったのですが、その骨子がなんと「1793年以前の国際秩序(＊03)を再建する」というもの。

　すでに「ナポレオン時代」を経験し、前に進んでいる歴史を旧（ふる）い時代に戻すことなどできるはずもなく、古今東西、歴史の流れに逆行する制度・体制・法がうまくいった試しはありません。

　喩（たと）えるなら、「明治」という新時代を経験した日本が、大正の世になってから「やっぱり1868年以前の秩序（幕藩体制）に戻す！」と言っているようなもので、もはや「時代錯誤もはなはだしい」というより「正気の沙汰ではない」と

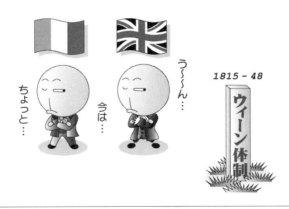

(＊02) 詳しくは、拙著『世界史劇場 駆け抜けるナポレオン』をご参照下さい。
(＊03) 世界初の国際秩序「ウェストファリア体制」のこと。
　　　これについての理解にはヨーロッパの歴史的背景の解説に多くの紙幅を割かねばならず、それは本巻の本旨からはずれてしまうため割愛します。詳しくは、本シリーズ続刊にて。

言った方が適当と思われるような愚行。

　しかし、このときのヨーロッパは、この"愚行"を大マジメで実現しようとしたのでした。

　案の定、各地で猛反発が湧き起こり、反体制の叛乱・運動・革命（＊04）が相次ぐことになりましたが、それが弱体化していたオスマンにまで飛び火して「滅亡スパイラル」の３周目突入の契機となります。

　まだナポレオンが暴れ回っていた18世紀の末ごろ、ナポレオンの叫ぶナショナリズム思想に感化され、ギリシア独立を目指す秘密結社がすでに帝国（デブレット）内に生まれていましたが、そのうちのひとつが「友愛協会（フィリケ・ヘタイリア）（＊05）（A-2/3）」。

　結成当時はたった３人から始まった協会（ヘタイリア）でしたが、時勢に乗って短期間のうちに勢力を強め、1821年３月、ついに独立戦争の檄（げき）を飛ばします。

── 自由か、しからずんば死か！（B-2）

　アメリカ独立戦争におけるＰ.ヘンリー（パトリック）の言葉を叫び、たちまち各地の叛乱・暴動へと波及して帝国（デブレット）は動揺、翌22年には仮憲法が発布される（B-2/3）までになり、いよいよ革命は勢いを増してきました。

（＊04）これらの"反ウィーン体制運動"を総称して「ナショナリズム運動」と言います。
　　　　おもに、立憲運動・統一運動・独立運動という形になって現れました。

（＊05）1814年、オデッサ（当時ロシア領）でギリシア人の青年らによって結成されました。
　　　　現代ギリシア語では「フィリキ・エテリア」と発音します。

オスマン帝国(デブレット)が退潮しはじめて久しいですが、これまで帝国領を失陥することはあっても、それらはすべてオーストリア帝国(カイザートゥム)とかロシア帝国(インペリーヤ)などの大国によってであって小国ではありません(＊06)。

　それが、ギリシアのごとき小国の独立運動に屈したとなれば、帝国の威信は地に堕ち、それこそ"終わりの始まり"となることは必定(ひつじょう)。

　オスマン帝国(デブレット)としては、断じてこれを認めるわけにはいきません。

　怒り心頭の皇帝(スルタン)マフムート2世(A-4/5)はただちに「聖戦(ジハード)」を宣言するとともに、感情的になってこたびの不始末の責を問い、当時のコンスタンティノープル総主教(バトリアルケス)(＊07)グリゴリオス5世を処刑(B-4)してしまいます。

　さらに翌22年には見せしめとしてキオス島(C-4)のギリシア系住民を大虐殺(C-5)。

　しかし、処刑されたグリゴリオス総主教(バトリアルケス)は人望厚く、むしろ叛乱鎮静化に最大限努力していた人物でしたし、キオス(シオ)島では叛乱とはなんの関係もない一般市民まで無差別に虐殺されたため、こうした見境のない弾圧はかえってギリシア人の叛逆を煽(あお)る結果となり、戦況はむしろ悪化します。

(＊06) ただし、モンテネグロについてはさまざまなグレーゾーン的解釈があるため例外とします。

(＊07) カトリック教会(西方教会)のトップがローマ教皇なら、正教会(東方教会)のトップがコンスタンティノープル総主教。オスマン帝国内のキリスト教徒に信教の自由が許される代わり、総主教はキリスト教徒が帝国に従順に従うよう指導する義務が課せられていました。

さらに、ヨーロッパ人にとってギリシアは、文化的には"ヨーロッパ文明揺籃の地"、そのうえ民族的にも宗教的にも同系（印欧系キリスト教徒）だったこともあり、ヨーロッパで「ギリシア愛護主義（B/C-1）」が湧き起こります。

　ただ、オスマンにとって不幸中の幸いだったのは、ヨーロッパ列強諸国がギリシア独立運動に冷淡（A-1）で、むしろオスマン寄りだったこと。

　ヨーロッパ民間では「ギリシアを救うべし！」の声が吹き荒れていたのに、なぜ政府は動かなかったのでしょうか。

　「国家間の戦争」と「個人間の喧嘩」の性質を混同している人が多いのですが、喧嘩が"感情のもつれ"で起こることがあっても、戦争が"感情に流され"て勃発することはまずありません（＊08）。

　ほぼ「損か得か」一択です。

　従いまして今回も、たとえ政治家が心情的には「ギリシアを支援してあげたい」と思ったとしても、それが政治的・経済的に「不利益」であるならばけっして動きません。

　当時のヨーロッパはウィーン体制期（1815～48年）ド真ん中。

　保守体制を護るため、相次ぐ独立運動を片端から大弾圧している只中でしたから、政治的立場からすればむしろギリシア独立運動は鎮圧する側だったためです。

　いくら世論が煽ってもいっこうに動こうとしない政府に業を煮やし、民間レベルでいくつかの動きが生まれました。

　1824年、フランスの浪漫主義画家ドラクロワ（C/D-5）は、『キオス島の虐殺』という作品を描いてオスマン帝国の非道を訴え（＊09）、また同年、イギリス浪漫主義詩人のＧ．Ｇ．バイロン卿（C-1）は、義侠心に燃えて軍資金を携

（＊08）開戦を望む政府が国民の感情を煽って戦争を始めるということは頻繁にありますが。

（＊09）当時の画会からは酷評され、「絵画の虐殺」と皮肉られましたが。

（＊10）もっともミソロンギ（C-2）に着いてまもなく熱病にかかって病没してしまいましたが。

（＊11）これまでも教科書には載らない叛乱・暴動・革命騒ぎなど頻繁に起こっていましたが、それらはことごとく鎮圧され、平静に戻っていました。

えて援軍にやってきます(＊10)。

　戦況のジリ貧に焦りを覚えた皇帝(スルタン)は、背に腹は代えられず、エジプト総督(ワーリー)メフメト＝アリーに援軍要請します。

　これに応じたエジプト軍の来襲(D-4)により形勢は一気に逆転！

　これでいつもどおり(＊11)叛乱は鎮圧されるはずでした。

　しかし。

　今回は、帝国にとって想定外(デブレット)の事態が起こります。

　先ほどまで独立運動に対して冷ややかだったイギリスが、突如、ギリシアに援軍を出す姿勢を見せはじめたのです。

　じつは、ギリシアで独立宣言が行われた1822年、イギリスではウィーン体制派だった英(イギリス)外相R．S．(ロバート ステュワート)キャッスルリー(＊12)(A-1)が発狂自殺、そのあとを継いだのが、彼の政敵にして反ウィーン体制派だったG．カニング(ジョージ)だったためです。

(＊12) 彼の名「キャッスルリー」は父(ロバート＝ステュワート＝ロンドンデリー侯)の持つ従属爵位を賜った儀礼爵位(父親の爵位を名乗らせてもらっているだけで法的には授爵していない)。1821年、父の死により「ロンドンデリー侯爵(と従属爵位のキャッスルリー子爵)」の爵位を継承したため、本来「ロンドンデリー卿」と呼ぶべきところですが、ややこしいので、そのまま「キャッスルリー」と呼び慣わされています。

カニングは外相に就任するや、前任キャッスルリーの外交を全否定するような外交(*13)をつぎつぎと打ち出しました。
　ウィーン体制から離脱して、五国同盟(*14)を脱退！
　ラテンアメリカ世界の独立運動(ナショナリズム)を支持！
　こうなると、イギリスが遠からずギリシアの独立支援に動くことは目に見えており、そうなればバルカン利権を狙っていたロシアはこれを指を銜えて見ているわけにはいかず、そうなればフランスだけが黙っているわけにもいかなくなります。
　こうして英(イギリス)・仏(フランス)・露(ロシア)は"昨日までの静観"を一変、1827年、軍事介入を決議しました。
　これにより、潰滅寸前だった叛乱軍は一気に勢いを盛り返し、その年の10月20日には、英(イギリス)・仏(フランス)・露連合艦隊と土(オスマン)・埃(エジプト)連合艦隊がギリシア西岸のナヴァリノで激突します(D-2)。
　所謂「ナヴァリノの海戦(*15)」です。

(*13) 彼の外交政策を総称して「カニング外交」と言います。この名称には、「Canning(彼の名)」と「Cunning(ズル賢い)」を掛けた悪口の意味も込められています。

(*14) キャッスルリーが中心となりウィーン体制を護るために作った軍事同盟。これを脱退、崩壊させることで、イギリスの反ウィーン体制的な立場を明らかにしました。

164

このギリシア西岸のあたりは古来、アクティウム海戦・プレヴェザ海戦・レパント海戦（C-2）など、歴史を変えるような海戦が集結して起こっていますが、このナヴァリノ海戦もまた、今回の独立運動の命運を分ける"天下分け目の関ヶ原"となりました。
　それはもう、さぞや激戦となったかと思いきや！
　アクティウム海戦・プレヴェザ海戦、レパント海戦がそうであったように、今回もまたあっけない幕切れとなりました。
　その日の昼すぎに戦端が開かれたと思ったら、同日夕刻には「土・埃連合艦隊潰滅！」という惨状で決着がついてしまいます。
　戦闘時間、わずかに4時間！(＊16)
　大勝を果たした英・仏はさぞやご満悦……かと思いきや。
　——これはマズいことになったぞ…。
　彼らはむしろ焦りを覚えます（D-1）。
　なぜ、彼らは狼狽したのか、その理由は次幕にて。

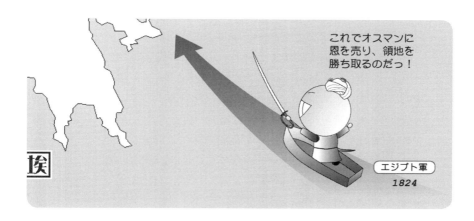

（＊15）帆船艦隊同士の最後の海戦。このあとの海戦は蒸気戦艦同士の戦いとなります。
（＊16）おなじく"天下分け目"の関ヶ原の戦も、開戦前には少なくとも1ヶ月以上にわたる長期戦を予想されながら、フタを開けてみればわずか6時間で決しています。

Column 露土戦争の数え方

　露土戦争(ロシアトルコ)は前後11回も交わされているため、どこから数えはじめるかでいくつもの異説があります。

　本書で採用しているのは以下のとおり。

- 第 1 次 露土戦争：1568 〜 1570 年
- 第 2 次 露土戦争：1676 〜　 81 年
- 第 3 次 露土戦争：　 86 〜1700 年（大(グレート)トルコ戦争の一部）
- 第 4 次 露土戦争：1710 〜　 11 年
- 第 5 次 露土戦争：　 35 〜　 39 年（墺 露 土(オーストリア・ロシア・トルコ)戦争の一部）
- 第 6 次 露土戦争：　 68 〜　 74 年
- 第 7 次 露土戦争：　 87 〜　 91 年
- 第 8 次 露土戦争：1806 〜1812 年
- 第 9 次 露土戦争：　 28 〜　 29 年（ギリシア独立戦争と連動）
- 第10次 露土戦争：　 53 〜　 56 年（クリミア戦争と連動）
- 第11次 露土戦争：　 77 〜　 78 年

　しかし、書物によっては「第2次」から数え始めているものもあれば、「第6次」から数えている場合もあります。

　墺 土(オーストリアトルコ)戦争も同様で、本書で採用しているのは以下のとおり。

- 第 1 次 墺土戦争：1526 〜　 52 年（第1次ウィーン包囲）
- 第 2 次 墺土戦争：　 66 〜　 68 年（シゲトヴァール包囲）
- 第 3 次 墺土戦争：　 93 〜1606 年
- 第 4 次 墺土戦争：1663 〜　 64 年
- 第 5 次 墺土戦争：　 83 〜　 99 年（大(グレート)トルコ戦争の一部）
- 第 6 次 墺土戦争：1716 〜1718 年
- 第 7 次 墺土戦争：　 37 〜　 39 年（墺 露 土(オーストリア・ロシア・トルコ)戦争の一部）
- 第 8 次 墺土戦争：　 88 〜　 91 年

　他にも「尼 土(ヴェネツィアトルコ)戦争」「オスマン＝サファヴィー戦争」なども数え方に差異があるため、他書を参照する際は年号にご注意ください。

第4章 東方問題

第2幕

聖域へのメス
マフムートの新制

ギリシア独立戦争は、帝国にとって大いなる試練となったが、皇帝マフムート2世にとっては、旧弊イェニチェリを屠る絶好の機会となった。ギリシア独立戦争に鎮圧のメドが立ったのを見計らって彼はついに決断する。
——これより西欧型新型軍を創設する！

俺たち、もぉ用済みだってよ

ティマール

スィパーヒー

〈マフムートの新制〉

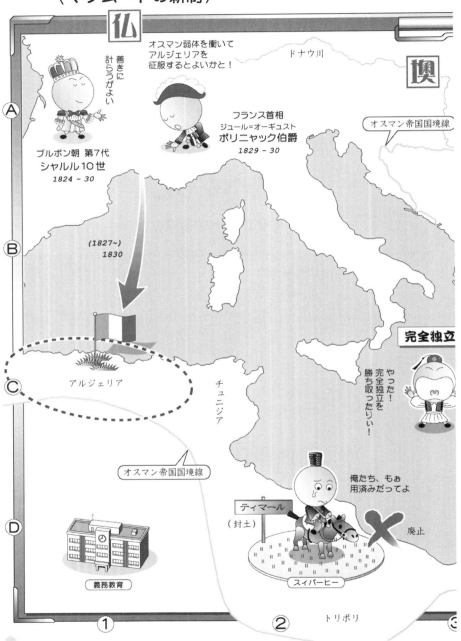

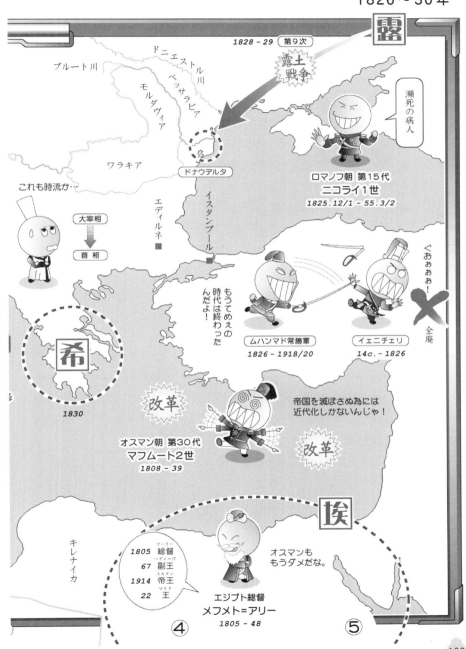

ナ ヴァリノに大勝した英仏(イギリス フランス)は狼狽します。
なんとなれば。

　英仏(イギリス フランス)はオスマン帝国(デブレット)がロシア南下の"防波堤(シーウォール)"の役割を演じてくることを期待し、それを前提として外交方針を立てていたためです。

――弱い！　弱すぎる！（＊01）

　オスマンはロシア南下政策の"防波堤(シーウォール)"として役に立たん！

　となれば、外交方針を根本から見直さねばならんぞ！

　案の定、ナヴァリノにオスマン弱体を見た露帝(ロシア)ニコライ1世はオスマンを「瀕死(ひんし)の病人（A-5）」と断じて陸軍を南下させてきたため、ここに第9次露土(ロシアトルコ)戦争（A-4/5）が勃発！

　オスマン帝国(デブレット)はこれに対応するためどうしても軍主力を北に向かわせねばならず、取り残される形となったエジプト軍も撤退しはじめたため、ギリシアに"軍事的空白状態"が生じ、一気に独立が現実味を帯びてきました。

　翌29年には露土(ロシア トルコ)両国はエディルネ（B-4）で和議を結びます。

---

① ギリシアはオスマン帝国(デブレット)の主権下で自治を認める。
② ドナウ河口の三角洲(デルタ)（A-4）をロシアに割譲。
③ ボスフォラス・ダーダネルス海峡の商船自由航行権の再確認（＊02）。

　しかし、これを見たイギリスは、ロシア主導の下でギリシアの自治が認められることを懸念し、ギリシア独立の主導権を握るため、これをさらに推し進めた「完全独立」を主張。

　こうして列強の思惑が複雑に絡みあった結果、翌1830年のロンドン会議で、

（＊01）とはいえ、突発的に起こった海戦だったため、オスマン・エジプト連合艦隊は錨を下ろしてしまっており、まともに戦えなかった、という汲むべき事情もあります。

（＊02）キュチュクカイナルジ条約（本書「第3章 第2幕」参照）で保障され、ギリシア独立戦争中にオスマンによって反故にされていた海峡利権を復活させたもの。

ギリシアは「自治」ではなく「完全独立」を果たしたのでした（C-3）。
　ところで。
　このときのオスマン皇帝マフムート2世（C-4）は1808年、軍事政変によって擁立された(＊03)ものの、即位から20年ほどは反動勢力に襟首を摑まれた状態で身動きが取れないでいました。
　そんな情勢で起こったのが、こたびの「ギリシア独立戦争」です。
　帝国にとっては大いなる試練となりましたが、マフムート2世にとっては政権を取り戻すよい機会になります。
　このころの常備軍は、皇帝の首根っこ押さえてやりたい放題、平時においては宮廷では専横の限りを尽くし、街では我がもの顔に横暴を働いているくせに、いざ戦時となるとまるで役に立たない。
　今回、ギリシア独立戦争でそのことが改めて浮き彫りとなり、マフムート2世はこれを機とばかり、戦況が好転した1826年、ついにこの旧式軍に"宣戦布告"します。
―― これより、役立たずのイェニチェリに代わって
　　　西欧型近代軍を創設する！

(＊03)本書「第3章 第2幕」を参照。

　怒り狂ったイェニチェリはただちに叛乱を起こしたものの、そんなことはマフムート２世も想定内。
　用意周到・準備万端、彼はあらかじめ法学者(ウラマー)たちに「自らの正当性と叛乱軍(イェニチェリ)の違法性」を取り付けていました(＊04)し、市民たちは普段からのイェニチェリの横暴に耐えかねていたため宮廷を支持。
　こうしてイェニチェリは孤立無援となり、建国から最初の200年にわたって帝国の発展を支え(デブレット)、次の200年にわたって帝国を蝕んできた(デブレット・むしば)彼らは、叛乱からたった１日で鎮圧され、完全に消滅することになったのでした(B/C-5)。
　翌日、マフムート２世は西欧型近代軍として「ムハンマド常勝軍(アサーキリ・マンスーレ)(＊05)(B/C-4/5)」の設立を改めて宣言し、この瞬間から「オスマン滅亡スパイラル」の３周目の第３段階[３Ｃ]に入ります(＊06)。
　――これでようやく！
　　　ようやく先帝以来頓挫(とんざ)していた近代化を図ることができる！
　彼は意気軒昂(けんこう)、つぎつぎと近代化政策、所謂(いわゆる)「マフムートの新制」を打ち出

（＊04）内乱が起こったとき、どちらに「正統性」があるかが勝敗の重要な要素となります。日本では「天皇」にあるため、天皇を取り込んだ方が「官軍」となりますが、イスラーム世界では「クルアーン」にあります。それをどのように解釈するかがウラマーの仕事でしたから、如何にウラマーを味方に付け、自陣営に都合のよい解釈をさせるかが重要になります。

（＊05）以降、帝国が滅亡するその日まで帝国を支えることになる軍隊です。

172

しました。
　まずは、ヨーロッパ風(スタイル)の服装から始まり、中世以来のティマール制(＊07)の廃止、これと一体となっていた騎士(スィパーヒー)(＊08)の解体(D-2)。
　さらには、旧態依然とした「御前会議(ディヴァーヌ・ヒュマユン)」を廃して近代的「内閣」に改編し、時に皇帝(スルタン)の権力すら凌駕することもあった「大宰相(ヴェズィラザム)」も権限を縮小して「内閣総理大臣(首相)」とする(B-3/4)。
　教育機関も義務教育の導入など近代化(D-1)し、イスラーム世界では聖域(サンクチュアリ)となっている宗教界にまでメスを入れます。
　こうした改革は、たしかに一定の成果を収めたかもしれません。
　しかし。
　やはり性急な改革には国内の反発も大きく、彼の前途は多難でした。
　「近代化」は、すなわち「西欧キリスト教文明のモノマネ」。
　それはムスリム信仰の誇りをいたく傷つけ、国内では「異教徒(ズィンミー)の皇帝(スルタン)」と蔑まれ、根強い抵抗勢力の反発を受けるようになります。
　しかも対外的にも、いったんはメドが立ったと思った独立戦争の雲行きが急変して、イェニチェリを全廃した翌27年にはナヴァリノで大敗、翌28年には北からロシアが(A-5)、30年には西からはフランス軍が侵寇(B/C-1)してきたため、オスマン帝国はギリシアどころか、北はドナウ河口(デブレット)、西はアルジェリア(C-1)までも失陥し、大きく領土を損なうことになりました。
　しかし、帝国の崩壊(デブレット)はこれで終わりではありません。
　オスマンに休息は与えられることなく、さらなる危機がその足下(もと)(D-4/5)から迫ってきていたのでした。

(＊06) 本書「第2章 第1幕」のパネル(D-4)を参照のこと。
(＊07) ひとことでいえば「オスマン型の封建制」。
　　　詳しくは、前巻『世界史劇場 イスラーム三國志』(第1章 第6幕)をご参照ください。
(＊08) オスマン帝国の封建システム(ティマール制)の中で封土をもらって生計を立てていた騎士階級。日本でいうところの「武士」に相当。

Column　エジプト王国の君号

　本幕でも登場するエジプトが「何年(もっ)て」を以て「独立を果たした」と見るかは、歴史解釈の分かれるところです。

　まず1805年、メフメト＝アリーがエジプト総督(ワーリー)となるや、混乱するエジプトを押さえて"実質的な独立"を勝ち取りましたが、彼の肩書は依然として「総督(ワーリー)（オスマン帝国内の一地方長官(デブレット)）」のままでしたから、独立と呼べるかどうかは微妙。

　その後、1840年のロンドン条約で「世襲権」が認められたため、一般的にはこれを以て「アリー朝エジプト王国の成立」と見做(な)すことが多いのですが、じつはこのときの肩書は「王」ではなく「総督(ワーリー)」のまま。

　そこで、彼の孫で第5代のイスマーイール＝パシャの代になると、莫大な賄賂をばらまいてオスマン帝室に働きかけ、1867年、「副王(ヘディーヴ)」の称号を獲得しています。

　これで名実ともにオスマン帝国(デブレット)から「独立」したと言ってよさそうな体裁となりましたが、このあとすぐ（1882年）エジプトは実質的にイギリスの属国となってしまいます。

　第一次世界大戦が勃発（1914年）すると、オスマン帝国(デブレット)と対等の「帝王(スルタン)」を名乗りましたが、「帝王(スルタン)」とは名ばかり、実質的にはイギリスの傀儡(かいらい)となってしまったため、戦後、ワフド党を中心とした独立運動が活性化します。

　これに対し、初めイギリスは弾圧を以て臨んだものの、大戦後の国力の衰えは如何ともしがたく、まもなく懐柔に転じ、1922年、形式的とはいえ、エジプトに独立を認めました。

　この年、くしくもオスマン帝国(デブレット)では「スルタン制廃止宣言」が発せられて滅亡、これを機にエジプトも君号を帝王から「王(マリク)」に改めます。

　こうしてメフメト＝アリーから始まり総督(ワーリー) → 副王(ヘディーヴ) → 帝王(スルタン) → 王(マリク)と君号が変転していったエジプトは、王号を手に入れたわずか30年後、1952年に起こった革命によって亡びることになったのでした。

第4章 東方問題

第3幕

病膏肓に入る
第1次 エジプト＝トルコ戦争

ギリシアに独立されてしまったオスマン帝国に、早くも次なる試練が襲いかかります。エジプトが援軍を送った恩賞としてシリアを要求してきたのです。しかし、シリアは帝国財政を支える柱、これを割譲するわけにはいかない。皇帝（スルタン）マフムート2世は、ここ5年来練兵を重ねてきた「常勝軍」（アサーキリマンスーレ）の派兵を決意した。

常勝軍が潰滅う!?

オスマン朝 第30代
マフムート2世

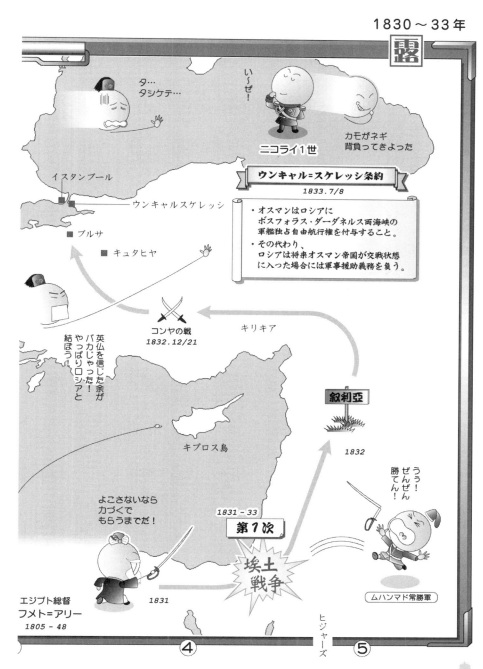

結局ギリシアには独立されてしまったものの、こたびのオスマンの要請に応じてエジプトが援軍に駆けつけてくれた恩賞として、皇帝マフムート2世はこれにクレタ島(C-2/3)・キプロス島(C-4)を与えました。

ところが、エジプト総督メフメト＝アリー(ワーリー)は「ナヴァリノで大損害を出したのはオスマンの責任」として、その損害補塡(ほてん)としてシリア(C-5)まで要求してきます(D-2/3)。

オスマンにしてみればこれは、泥棒(ギリシア)から宝石(クレタ・キプロス)を守るために給料を払って警備員(エジプト)を雇ったのに、結局宝石(ギリシア)は盗まれてしまったうえ、その警備員から警備で負った怪我(シリア)の治療費まで要求されたようなもの。

そのうえシリアといえば、帝国経済の中枢。

これを失えばオスマン財政が破綻してしまうことは必定、当然のことながらオスマンはこれを拒否します(D-1)。

しかしメフメト＝アリーも引かない。

彼の夢は旧マムルーク朝(＊01)領の再現であり、すでにエジプト(D-3)・ヒジャーズ(D-5)・スーダンを押さえ、残りはシリア(＊02)を残すのみとなり、夢の実現は目前だったためです。

どっちも引かないとなれば、その先にあるのは「戦争」しかありません。

こうして、まだギリシアとアルジェリアを失陥(1830年)してから日も経

マフムート2世

うぉのれぇ
ちょっと下手に出てやりゃ
つけあがりおって！
常勝軍の力、
思い知らせてやるわ！

ナヴァリノで大損害が
出たのはオスマンのせい。
よってその損害補塡と
してシリアももらうぞ！

（＊01）オスマン帝国（第9代 セリム1世）がエジプトに侵寇してくる直前までエジプトを支配していた王朝（1250～1517年）。詳しくは、前巻『イスラーム三國志』を参照のこと。

第3幕　第1次 エジプト＝トルコ戦争

たっていない翌31年、第1次 埃土戦争（＊03）（D-4/5）の幕が切って落とされることになりました。

とはいえ、オスマンはこの5年間、旧式軍を廃して常勝軍を鍛えていたところでしたから、むしろその実力を試すにはいい頃合いの相手……と思っていたくらいでした。

しかし、いざフタを開けてみれば、為す術なく連戦連敗（D-5）の為体。

その結果、シリアどころかアナトリア奥深くまで侵入され、32年の年末にはコンヤ（B-4）で大敗。

当時、露帝ニコライ1世（A-4/5）がオスマン帝国を「瀕死の病人」と断じたことは前幕でも触れましたが、まさに"病膏肓に入る"。

3度にわたる"手術（近代化）"も効果なく、人間に喩えれば「もはや全身に癌が転移して手の施しようのない末期患者の120歳の老人」といったところ。

コンヤの敗戦により常勝軍が潰滅してしまったため、このあとのエジプ

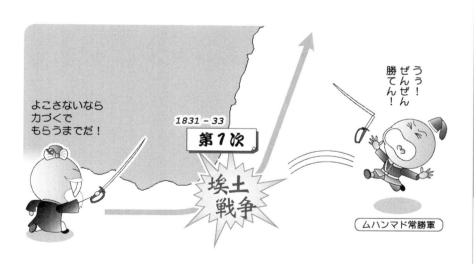

（＊02）このころの「シリア」は、現在のシリアだけでなくレバノン・イスラエル・ヨルダン地域も含めます。

（＊03）1831年勃発、翌32年4〜12月まで本格交戦、33年になって休戦へ向かいました。

ト軍は"何もなき野を往くが如し"。

　もともとシリアを手に入れるために始めた戦争でしたが、「これはひょっとすると、シリアどころかこのまま一気にオスマンを滅ぼし、これに取って代わることができるやもしれぬ！」とエジプトの気勢も上がります。

　しかし。

　世の中というものはそう単純(シンプル)でも平易(イージー)でもありません。

　バネは強く引けば引くほど「元に戻ろうとする力（弾性力）」が強くなるように、国際政治の世界では何かが"突出"しようとするとこれを抑え込もうとする政治力学が働きます(＊04)。

　国際情勢というものは絶妙な"国際間の力関係(パワー・バランス)"で秩序が保たれているため、これを崩すような動きがあれば、諸国が寄って集ってその動きを封殺(たか)しようとしてくるからです。

　今回、エジプトは「あまりにも勝ちすぎ」ました。

　これは"国際間の力関係(パワー・バランス)"を崩す原因となるため、これまで静観していた英(イギリス)仏(フランス)露(ロシア)も介入を考えはじめます。

　もっともその契機を作ったのは欧州(ヨーロッパ)列強ではなくオスマン側でした。

　年が明けて1833年の年初、エジプト軍がブルサ（B-3）近郊にまで迫ってくるや、帝都(イスタンブール)（A/B-3）は恐慌(パニック)に陥り、狼狽(ろうばい)のあまり、なんと"仇敵"ロシアに援軍を要請した（A-3/4）のです。

——カモがネギ背負(しょ)ってやってきよった！（A-5）

　ロシアはかねてより戦争介入する口実を探っていましたが、向こうの方からのこのこやってきたのですから、ふたつ返事でこれを了解。

　しかし今度は、これを知った英(イギリス)仏(フランス)が介入（A-1）。

（＊04）これは国際外交だけでなく、どんな世界にも当てはまります。
　　　こうしたパワーバランスによって支えられている"秩序"を無視して、たまに才能豊かな者（天才）が"突出"してしまうことがあります。そうすると、周りの者（凡人）が裏工作の限りを尽くして彼の足を引っぱり"秩序"を守ろうとします。
　　　天才が凡人によってその才をツブされてしまうことが多いのはそのためです。

第3幕　第1次 エジプト＝トルコ戦争

── あいや、しばらく！
　もし英仏がこれを看過すれば、オスマン帝国におけるロシアの発言力が増大し、これまた国際秩序（インターナショナル・オーダー）が崩れることは明白だったからです。
　こうして、オスマン・エジプトの2国間で起こった対立は、様々な国の思惑を巻き込んで国際紛争に発展していきました。
「オスマンさん、あんたロシアに援軍を頼んだそうだな！？
　そんなことしたら、あとでロシアからどんな無理難題を押し付けられるか、
　考えたことはないのか！」
　もちろんそんなことは釈迦に説法、オスマンとて百も承知、二百も合点。
　英仏に指摘されるまでもありませんが、今はそれを考慮する余裕がないほど、オスマンは追い詰められていたのです。
「だいじょうぶ！　我々に任せたまえ！
　悪いようにはしないからロシアとは縁を切れ！」
　ここまで言われて、マフムート2世も心が揺れます（A-2/3）。
── たしかにロシアに援軍を頼めばあとがこわい。
　こうしてマフムート2世は英仏の甘言に乗り、彼らの仲介の下、キュタヒヤ（B-3/4）で休戦協定を結ぶことになりました。
　これが「キュタヒヤ条約（B-2）」です。
── これでロシアの手を借りずに穏便に事を運ぶことができる。
　そう胸をなでおろしたのも束の間、マフムート2世は条約の内容に激怒することになります。

181

なんとなればそれは、オスマン帝国がエジプトの要求するほとんどすべての領土を終身領（＊05）として認めるという内容（B/C-2）だったためです。
　これではもはや「全面降伏」に等しい。
　これを認めたくないから、ロシアに援軍も請おうとしたし、英仏に仲介を頼みもしたのです。
　こんなものを認めるくらいなら、わざわざ英仏の輔けを借りるまでもなく、さっさと諸手を挙げて「全面降伏」すればよいだけのこと。
　── 騙された！
　こんなことならあのままロシアを恃みとすればよかった！（B/C-3）
　英仏は「あくまで終身領だから」「メフメト＝アリーが死ねば返ってくるから（＊06）」と宥めますが、地位にしろ領土にしろ、ひとたび「終身権」を手に入れた者は、かならずつぎに世襲を求め、これがすんなりと手放された例などほとんどありません。
　オスマンは、英仏が「ロシア艦隊の地中海進出」を恐れるのは"子羊が狼を怖れるが如し"ということをよく知っていましたから、"意趣返し"とばかり、その足でロシアに接近し、ウンキャル＝スケレッシ条約（A/B-5）を結び

キュタヒヤ条約
1833.5/14
・オスマン帝国はエジプトに以下の領地を割譲すること。
・エジプト・スーダン・クレタ・キプロス・シリア・ヒジャーズ・キリキア
・ただし、エジプトの地位は総督のまま、上記全所領は終身領とする。

なんじゃこりゃ～？

（＊05）「元首が死ぬまで占有が認められた領地」のこと。
　　　　つまり、メフメト＝アリーが死ねば返還しなければならないわけで、いわば「私有地」ではなく「定期借地権付き土地」のようなもの。

（＊06）当時メフメト＝アリーは64～65歳でしたから、それほど遠い将来ではありません。

ます(＊07)。

――将来もしオスマン帝国が交戦状態(デブレット)に陥った暁には、ロシアは援軍を差し向ける義務を負う。
　その代わり、オスマン帝国はロシアにボスフォラス・ダーダネルス両海峡の独占的軍艦自由航行権を与える(＊08)。

　これにより、老衰寸前のオスマンは心強い"用心棒"を無給(ただ)で雇い入れることができることになりましたし、ロシアは夢にまで見たボスフォラス・ダーダネルス両海峡の"軍艦"の独占的な自由航行権を得ることができたのですから、まさに"双方両得(ウィン　ウィン)"。

　しかし。
　オスマンの試練はまだまだつづくことになります。

英仏を信じた余が
バカじゃった！
やっぱりロシアと
結ぼう！

ウンキャル＝スケレッシ条約
1833.7/8

・オスマンはロシアに
　ボスフォラス・ダーダネルス両海峡の
　軍艦独占自由航行権を付与すること。
・その代わり、
　ロシアは将来オスマン帝国が交戦状態
　に入った場合には軍事援助義務を負う。

(＊07)キュタヒヤ条約が1833年5月14日、ウンキャル＝スケレッシ条約が同年7月8日ですから、その間2ヶ月と経っていません。いかに急いで締結したかがわかります。

(＊08)キュチュクカイナルジ条約でロシアが得たのは「商船」の自由航行権。
　　　これに対して今回ロシアが得たのは「軍艦」であったばかりか、他国の船の航行はいっさい認めないという「独占的」なものでしたから、かなりの前進です。

Column 海峡争奪戦

　「南下政策（求海政策）」を国是とするロシアは、なんとしても黒海からボスフォラス・ダーダネルス海峡を通ってエーゲ海に出たい。
　その夢の実現のため、ロシアは何度もオスマンに挑戦し、それが露土(ロシアトルコ)戦争となって帰結しましたが、ついに１７７４年、キュチュクカイナルジ条約で両海峡の"商船"自由航行権を得ました（第３章 第２幕）。
　いったん皇帝(スルタン)マフムート２世が海峡を封鎖（１８２７年）（前幕）したこともありましたが、ロシアはエディルネ（アドリアノープル）条約ですぐにこれを奪還（本幕）。
　とはいえ、これはあくまでも「商船自由航行権」。
　ロシアが目指すは「軍艦自由航行権」。
　その道程(みちのり)はまだまだ遠い……かと思いきや、その直後に起こった第１次埃土(エジプトトルコ)戦争の結果、英仏(イギリスフランス)に不信感を抱いた皇帝(スルタン)マフムート２世が自ら進んでロシアに「"軍艦"の独占的自由航行権」を与えてきたため、あっけなくこれが手に入ることになりました。
　夢にまで見た「軍艦自由航行権」。
　しかしそれは、明らかに国際的力関係(パワー・バランス)を著しく損なうことになりますから、英・仏・墺(イギリスフランスオーストリア)・普(プロシア)の"四国干渉"を受け、１８４１年、結局これを破棄させられてしまいます。
　ロシアは、それでも諦めることなく南下政策に邁進（クリミア戦争・第１１次露土戦争）しましたが失敗、そのため日露戦争が勃発した際、ロシアは黒海艦隊を出動させることができなかったのですから、こうした動きが日本の歴史をも大きく左右することになったのでした。
　こうして、ロシアの夢はついに叶うことなく、革命に倒れます。
　永年にわたってオスマン帝国をいじめ抜き、これを"瀕死の病人(デブレット)"と嘲笑したロシア。
　よもや自分の方がオスマンより先に亡んでしまうことになろうとは、夢にも思わなかったことでしょう。

第4章　東方問題

第4幕

名将の嘆息
第2次 エジプト＝トルコ戦争

「第1次埃土（エジプトトルコ）戦争」の終わりは、その瞬間から「第2次」の勃発を予感させた。燻（くすぶ）っていた火は、英土通商条約の締結を機に爆発する。オスマン帝国マフムート2世は大モルトケを軍事顧問に迎え、万全の態勢でエジプト軍を迎えたもののニジプに大敗し、マフムートの改革が失敗だったことを証明しただけに終わった。

エジプトに接近したがイギリス・ロシア（イギリストルコ）を敵に回して戦うのは得策ではないな…

洋梨王

〈第2次 エジプト＝トルコ戦争〉

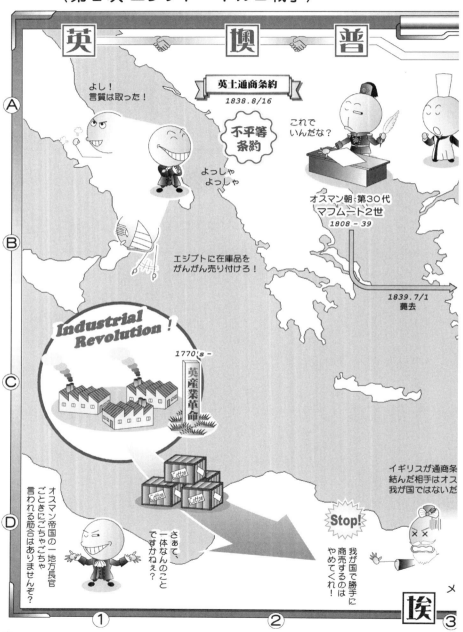

こうして埃土(エジプトトルコ)戦争はいったんは終わりましたが、すでに終戦直後から「第2次」への火種が燻(くすぶ)りはじめていました。

エジプトの立場としては、あれほどの大戦果だったのに「終身領」ごときでは満足できるはずもなく不満は鬱積し、またメフメト＝アリー（D-3）は老い先短く、一刻も早くオスマンから「世襲権」を勝ち取らなければならないという決意を新たにしただけでした。

そこで、彼が数えで70を迎えたのを機に、1838年5月25日、ついに「独立宣言」を発したため、ふたたび埃土(エジプトトルコ)関係が冷え込みます。

当然、オスマン帝国(デブレット)としてはこれを認めるわけにはいきませんが、さりとてもはや力づくでこれをねじ伏せるだけの軍事力もありません。

しかし、"力"がないなら"智慧"を絞ればよい。

このころの戦争は、もはや軍事力より"国際世論"がモノを言う時代。

先の戦争でも、エジプトがどれほど前線で連戦連勝しようが、それが国際世論（列強の意思）に反するものである限り、たちまち列強の干渉が入って抑え込まれてしまいます(*01)。

そのことをよく理解していた時の外相ムスタファ＝レシト＝パシャ(*02)（A-3）はヨーロッパ各国を歴訪して国際世論（すなわち列強の支持）を取り付けるべく奔走します。

ところで、彼が訪英したころのイギリスは、ちょうど産業革命（C-1）が完成期に入り、市場がどれだけあっても足りない時期でした。

イギリスの支持を取り付けたいオスマンと、新たなる市場獲得に奔走するイギリスの思惑が一致し、エジプト独立宣言のわずか3ヶ月後、「英土(イギリストルコ)通商条約(*03)（A-2）」が締結されます。

(*01) たとえば日清戦争でも、「日本の勝ちすぎ」と見た列強はただちに干渉して、その戦果をツブしにかかったものです。所謂「三国干渉」がそれです。

(*02) 第1次埃土戦争直後（1837年）に外相となった人物。のちに大宰相となりタンジマートの立役者となる。6度の左遷と失脚を繰り返しながら6度の復活を果たした不屈の人物。

(*03) 条約が結ばれた町（帝都から東北10kmにある港町）の名から「バリタリマヌ条約」とも。

　内容は「オスマン側に関税自主権は認められず、イギリス側に領事裁判権を認めさせる」という典型的な不平等条約(＊04)。
　しかし、じつはその"標的"とされたのはエジプトでした。
　エジプトすでに"事実上"の独立は果たしていたものの、"形式的"にはあくまでも「オスマン帝国内の一地方長官(総督)」にすぎませんでしたから、通商条約の成立でイギリス商人はエジプトにドッと押し寄せ、低関税で好き勝手に商売を始めたのです。
　これによりエジプト経済は見る間に悪化。
――やめてくれ！
　　ここで勝手に商売するな！(Ｄ-2/3)
　しかし、エジプトの必死の抗議にもイギリスはどこ吹く風。
「我々は正式に皇帝（スルタン）と結んだ通商条約に基づいて商売をしている。
　たかが一地方長官ごときにとやかく言われる筋合いはない！」(Ｄ-1)

(＊04) 幕末の日本が押し付けられた「日米修好通商条約」とよく似ています。
　　　それもそのはず、このときの「英土通商条約」が、以降のアジア諸国に対する不平等条約の"雛形"となったからです。ちなみに、日米修好通商条約の内容について、よく「治外法権」と書かれた書物を見かけますが、「領事裁判権」の誤りです。

──ダメだ！
　　やっぱり完全なる独立を果たさねば国家運営上支障がある！（D-3/4）
　こうしてエジプトはいよいよ「完全独立」の必要性に迫られましたが、ヨーロッパの列強を後盾にしなければ「第１次」の二の舞を演ずることは明白。
　そこにフランスが接近してきました。
　先年（1830年）、アルジェリアを手に入れたフランスでしたが、たちまち反仏闘争（＊05）が勃発してその統治に手を灼いていたため、時のフランス国王・ルイ＝フィリップ洋梨王（＊06）（D-5）はエジプトを味方に引き入れてこれを挟撃したいと考えていたためです。
　フランスという後盾を得たエジプトは大きく開戦へと傾きます。
　一方のオスマン帝国も、先の常勝軍（デブレット・アサーキリ・マンスーレ）の無様な敗北に、「いくら兵器ばかり最新のものを装備させたところで、それを使用する将校・兵隊が古い軍事思想のままでは近代戦には勝てない」ことを痛感させられていましたから、わざわざプロシアからあの名将で名高いヘルムート＝モルトケ（＊07）（B-5）を招聘してこれを軍事顧問として迎え、常勝軍（アサーキリ・マンスーレ）の意識改革に邁進していました。
　マフムート２世（A/B-2/3）はその雪辱を果たす日を心待ちにしていましたから、ここに埃土（エジプト・オスマン）両国の交戦を妨げるものがなくなり、ついに「第２次埃土戦争（エジプトトルコ）（D-4/5）」が勃発することになりました。
　ところが！

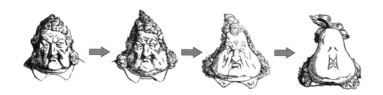

――――――――――――――――――――――――――――――――
（＊05）1832～47年、アブド＝アル＝カーディルの反仏闘争のこと。
（＊06）自称「国民の王」。しかし、その政策から「株屋の王」、政権末期には「バリケードの王」、そして容貌から「洋梨王」などと渾名されました。当時の風刺雑誌『シャリバリ』で描かれた「洋梨王」の風刺画（上図参照）が有名。なお、「洋梨」にはスラングとして「まぬけ」「愚者」という意味もありますから、そうした揶揄の意味も込められています。

第４幕　第２次 エジプト＝トルコ戦争

　　フタを開けてみれば、オスマン帝国軍「ムハンマド 常 勝 軍（アサーキリ・マンスーレ）」はまたしても連戦連敗！（B-4/5）
　　軍隊創建以来負けっ放しで「常 勝 軍（アサーキリ・マンスーレ）」が聞いて呆れる有様。
　　でも今回は、名将モルトケの指導を仰いでいたのに！？
　　しかし、こたびの敗因はモルトケのせいではなく、オスマン軍が彼の助言（アドバイス）にまったく耳を傾けなかったためでした。
モルトケ「常 勝 軍（アサーキリ・マンスーレ）の士気は低い。ここは敢えて背水の陣を取り、ユーフラテス川を背にしたビレジクを決戦地に設定するべし！」
帝国軍　「いや、川を背にするのは殆（あや）うい。平地に出て堂々ニジプで戦う！」
　　すると案の定、常 勝 軍（アサーキリ・マンスーレ）はたちまち劣勢に。
モルトケ「そら見たことか！　敵軍はすでに包囲体制に入りつつあるぞ！
　　　　　今からでも間に合う！
　　　　　いったんビレジクまで撤退して、そこで態勢を整えるのだ！」
帝国軍　「いや、撤退は屈辱である！　断固戦う！」
　　モルトケは嘆息します。

ムハンマド常勝軍
どーしても勝てん！

オスマン軍事顧問
ヘルムート＝カール
モルトケ
私の助言をぜんぜん聞かねぇんだもん、勝てるわけねぇだろ！

（＊07）「近代ドイツ陸軍の父」と謳われ、のちにビスマルク宰相・ローン陸相とともに、長らく分裂状態だったドイツを統一に導いた名将中の名将。
　　同姓同名に、第一次世界大戦時のドイツ参謀総長ヘルムート＝モルトケ（彼の甥）がいるので、彼と区別するために、名前の頭に「大」を付けて呼ぶことがあります。

191

——嗚呼！　勝てる戦いをむざむざ！

　この有様では、卿は明日の夕暮れには敗将としての惨めさを思い知ることになるだろう！（A-5）

　彼の言葉はそのまま現実となって常勝軍（アサーキリ・マンスーレ）は潰滅（B-4/5）。

——私の助言（アドバイス）を聞かぬとあらば、私がここにいる意味もあるまい！

　愛想を尽かしたモルトケは、この戦いの直後、さっさと祖国（プロシア）に帰国（＊08）。

　物事、悪いことは重なるもので、ニジプの戦（B/C-4/5）の敗報が帝都（イスタンブール）に届く前に皇帝マフムート2世が薨去（B-3/4）。

　その結果、帝国軍が潰走している"帝国存亡の機（デブレット）"にあって、まだ16歳の少年皇帝（スルタン）（アブドゥル＝メジト1世）が即位し、その母后（ヴァーリデ）が"睡簾聴政（すいれんちょうせい）"するという混乱ぶり。

　狼狽したオスマン帝国（デブレット）はついにロシアに援軍を要請。

　こうなると、ロシアの発言力増大を懼（おそ）れたイギリスは、普（プロシア）（A-2/3）墺（オーストリア）（A-2）も味方に引き込んで戦争に介入してきました。

　この事態に、エジプトはフランスに援軍を請いましたが、英（イギリス）・普（プロシア）・墺（オーストリア）・露（ロシア）の四国同盟（A-4/5）を前にビビってしまったフランスはエジプトを見棄てた（D-5）ため、ここにエジプトは和を請うことになります。

うぅ…
戦況はどうなって
おるのじゃ…？

（＊08）これは、同じく近代化運動に邁進していた明治期の日本とはきわめて対照的です。日本もまた大モルトケに推薦されたメッケル少佐らを軍事顧問に招いていますが、オスマンと違って彼の教えを忠実に守っています。のちに日露戦争が勃発した時、誰もが日本の敗北を予想する中、メッケル少将は「我が弟子・日本陸軍がロシアなんぞに敗れるわけがない！」と豪語したほど、日本はメッケルの教えに"忠実な弟子"でした。

第4章 東方問題

第5幕
「上から」の近代化政策
恩恵改革（タンジマート）

二度にわたってエジプトに完敗したことは「マフムートの新制」が失敗であることを明白に物語っていた。そこで外相ムスタファ＝レシト＝パシャは「ギュルハネ勅令」を発してただちに4度目の近代化政策に入る。フランス人権宣言を模倣し、以後40年近くにわたって朝野を挙げた大改革に乗り出すことになったのだが…。

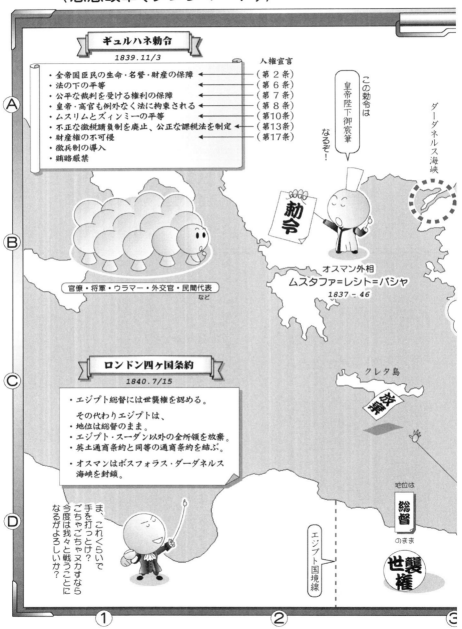

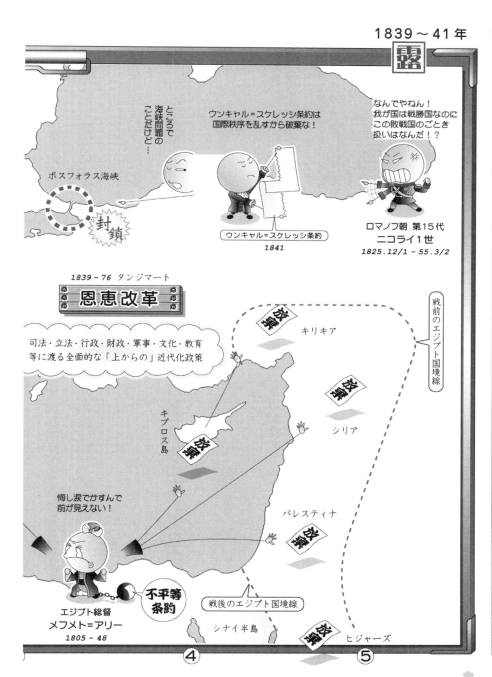

こうしてエジプトは、前線では戦勝を重ねながら、またしても英・露を中心とした列強の介入によってやむなく和睦を結ばされることになりました。

　これが1840年「ロンドン四ヶ国条約（C-1）」です。

　エジプトが要求していた「世襲権（D-2/3）」は認められたので、これを以て「アリー朝エジプト王国の成立」と見做されることも多いのですが、肩書は「総督」のまま（D-2/3）でしたし、その代償は大きなものでした。

　建国以来、長年苦労して手に入れてきたシナイ半島（D-4/5）より東の領土をことごとく放棄させられた（＊01）ばかりか、そもそも今回の戦争の発端となった通商条約については、英・土通商条約と同内容の不平等条約（D-4）を結ばされることになります。

　さらに翌年、「国際秩序を乱す」という理由で、英・仏・普・墺はタッグを組んでロシアにウンキャル＝スケレッシ条約を破棄させます。

　一方、オスマン帝国は、1度ならず2度までもエジプトに完敗したことで近代化政策の失敗が明白となったうえ、折しもこれを推進したマフムート2世の死により「マフムートの新制」は終わりを遂げ、近代化は新しい段階を迎えることになりました。

　3度にわたる近代化政策（＊02）失敗の反省に立ち、4度目となる今回の近代化は、これまでのような「軍事」に特化した"一面的"近代化ではなく、司法・立法・行政・財政・軍事・文化・教育など"全面的"な近代化（B/C-3/4）で、これは譬えるなら、清朝の「変法運動」、日本の「明治維新」、シャム（現タイ）の「チャクリ改革」にも匹敵するものとなります。

　まだ埃・土戦争中だった1939年11月3日。

（＊01）ワッハーブ王国との戦争で手に入れたヒジャーズ（D-5）、ギリシア独立戦争のときの援軍褒賞として手に入れたクレタ（C-2/3）・キプロス（C-4）、第1次エジプト＝トルコ戦争で手に入れたキリキア（B/C-4/5）・シリア（C-5）・パレスティナ（D-4/5）など。

（＊02）1回目：チューリップ時代（第2章 第5幕）　　2回目：セリムの新制（第3章 第2幕）
　　　 3回目：マフムートの新制（第4章 第2幕）

文武の高官・法学者〔ウラマー〕・外交官および民間代表（B-1）が帝都〔イスタンブール〕にあるトプカプ宮殿の「薔薇宮〔ギュルハネ〕」に集められ、外相ムスタファ＝レシト＝パシャ（B-2）が幼い皇帝〔スルタン〕アブドゥル＝メジト１世に代わり、「皇帝陛下御宸筆（＊03）(A-2)」として発布したもの、それがかの有名な「ギュルハネ勅令（A-1）」です。

――朕（アブドゥル＝メジト１世）の至高なる帝国（＊04）臣民〔デブレット・イ・アリエ〕は、
以後例外なくこれらの恩恵に浴するものとする！〔ハイリエ〕

この宣言から、今回の近代化運動は「恩恵改革（＊05）〔タンジマート・イ・ハイリエ〕(B-3/4)」と呼ばれるようになりました。

その内容をつらつらと目を通すだけで、「フランス人権宣言（A-2）」の強い影響を受けていることがわかります。

これから２代の皇帝〔スルタン〕・40年近くにわたって朝野を上げて実施されることになりますが、結果を先に申せば、この近代化運動も結局は失敗に終わることになります。

日本は一度の近代化運動（明治維新）でこれを成功させることができたのに、オスマンはどうしてこうも毎度毎度失敗に帰してしまうのか。

オスマン外相
ムスタファ＝レシト＝パシャ

(＊03)「皇帝直筆」の意。もちろんウソです。
(＊04) オスマン帝国の自称。本書「第２章 第５幕」の（註01）を参照。
(＊05)「恩恵改革」はトルコ語の「Tanzimât-ı Hayriye」の直訳。通常、単に「タンジマート（改革／再編／秩序化の意）」と言い慣わされています。期間は、アブドゥル＝メジト１世即位（1839年）からアブドゥル＝アジス１世の死（1876年）まで。

これは清朝にも通じることですが、その大きな理由が「大帝国」であったこと、また「長期政権」であったことです。
　永年にわたって大帝国として君臨し、周辺諸国に睨(にら)みを利かせてきた誇(プライド)りが、それまで「小国・劣等と見下してきた国を"師"として仰ぐ」ことにどうしても拒絶反応を起こしてしまうことはすでに触れましたが、心の底では見下しているため、ニジプの戦(＊06)を思い出してもらえばわかるように、ちょっとしたことですぐに反発して助言(アドバイス)を聞き入れない。
　こんな態度で改革がスムーズに進むはずもありません。
　また、王朝というものは長くつづけばつづくほど、「既得権」にしがみつく特権階級が政府の中枢・社会の隅々にまで、奥深く根を張ってしまうものですが、近代化はこれを根こそぎ引っ剝(は)がす作業ですから、彼らが命を賭けて抵抗してくることも近代化の妨げとなりました。
　「抵抗勢力」自体はどこの国にもあるもので、オスマンに限ったことではないのですが、オスマン帝国ではそれが「抵抗勢力(デブレット) ＝ 宗教勢力(イスラーム)」だったことが近代化を絶望的に困難にします。
　たとえば「法」ひとつ取ってみても、イスラーム世界では"２つの法体系"が二重規範(ダブルスタンダード)を成していました。
　そのひとつは、聖典(クルアーン)や慣行(スンナ)などの法源から導き出された「宗教法(シャリーア)」。
　もうひとつが、皇帝(スルタン)などが統治の必要性から制定した「世俗法(カーヌーン)(＊07)」。
　従来であれば、「宗教法(シャリーア)」と「世俗法(カーヌーン)」は矛盾することなく、「宗教法(シャリーア)」を"車軸"、「世俗法(カーヌーン)」を"車輪"としてうまく回っていたのですが、近代化のための新法は「キリスト教的価値観に基づいて"理想"を掲げた世俗法(カーヌーン)」であるため、「何百年もの間、オスマン統治の礎(いしずえ)となって"現実"社会に深く根を下ろして

(＊06)前幕参照。
(＊07)日本では「大帝」と呼ばれるスレイマン１世が、トルコでは「カーヌーニー（立法帝）」の名で呼ばれるのは、彼が積極的にカーヌーン（世俗法）の編纂・整備を実施したためです。
　　　ちなみにヨーロッパでは、多くの美しい宮殿やモスクを建設した皇帝という意味で「壮麗帝（マグニフィセント）」と呼ばれます。

きた宗教法(シャリーア)」とは"水と油"、「キリスト教 vs イスラーム」「理想 vs 現実」という対立構造になってしまいます。

　お互いに相反する２つの法体系が併存する社会がうまくいくわけがなく、しかも伝統的に「宗教法(シャリーア)」が絶対で「世俗法(カーヌーン)」は劣格、宗教法(シャリーア)に矛盾する世俗法(カーヌーン)は無効となります(*08)から、これでうまくいったらお慰み(なぐさ)。

　歴史を紐解けば、
- 傭兵軍団によって生まれ、傭兵軍団によって発展したローマ帝国(インペリウム)が、傭兵軍団によって亡ぼされたように、
- 法家理念を徹底させることで統一を達成した秦帝国(ディグォ)が、法家理念の濫用(らんよう)によって亡んでいったように、
- 世界で初めて産業革命（第１次）を起こしたことで世界に君臨した大英帝国が、新たなる産業革命（第２次）によって急速に衰退していったように、

帝国を発展させた要因そのものが衰亡の原因となっていくということは歴史上よくあることですが、「聖戦(ジハード)で死ねば楽園(ジャンナ)に行ける！」という宗教(イスラーム)の権威を利用して発展してきたオスマン帝国(デブレット)もまた、その宗教(イスラーム)の権威が近代化の足枷(かせ)となって悶絶し、そして亡んでいくことになったのでした。

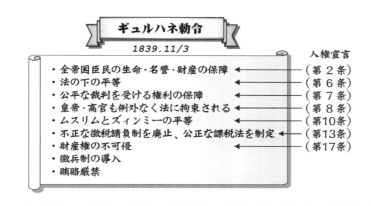

(*08) 詳しくは本幕コラム「宗教法と世俗法」をご参照下さい。

Column 宗教法と世俗法
シャリーア　カーヌーン

　イスラーム世界における「宗教法(シャリーア)」と「世俗法(カーヌーン)」の関係は、日本人にはなかなか理解しにくいものがありますが、敢えて日本で近いものを挙げるならば、「憲法」と「法律」の関係に似ています。

　本文でも触れましたように、イスラーム世界では、たとえ皇帝(スルタン)の名の下で制定された世俗法(カーヌーン)であったとしても、法学者(ウラマー)らに「宗教法(シャリーア)違反！」と断ぜられれば無効になります。

　日本でも、たとえ議会を通じて合法的に制定された法律であったとしても、裁判で「憲法違反！」と判決されれば無効になります。

　ただ、宗教法(シャリーア)と憲法の決定的な差は、憲法が"人間が定めたもの"であるのに対して、宗教法(シャリーア)は"神(アッラー)のご命令"であるという点。

　人々の価値観は変移し、社会は動き、王朝は交替し、時代は移ろい、歴史は変転します。

　このように"万物は流転する"中、法だけが唯一普遍でありつづけることなどできるはずもありません。

　どんな法体系もいつかはかならず古くなり、時代に合わなくなります。

　そのとき、人間が定めたものなら、古くなった憲法を新しい時代に合わせて改正することもできますが、神(アッラー)の定めから生まれた宗教法(シャリーア)は、たかが人間ごときの都合で勝手に書き換えることは赦(ゆる)されません。

　したがって、国が乱れ、臣民が怨嗟(えんさ)の声を上げたとき、なんとかせねばとせっかく国が新しい時代に対応した新しい世俗法(カーヌーン)を制定しても、新しい時代の到来を理解できない法学者(ウラマー)たちが宗教法(シャリーア)を盾にしてこれを否定すれば、改革法もあっけなく潰されてしまいます。

　オスマン帝国が何度近代化(デブレット)を試みようと失敗しつづけたのも、イスラーム世界が現在に至るまで近代化できずに悶絶しているのもそこに原因があります。

　7世紀に生まれた価値観で固定してしまい、進化することを拒絶するイスラームの未来は暗い。

第4章 東方問題

第6幕

地獄の消耗戦
クリミア戦争

まだオスマン帝国が絶頂を極めていたころ、オスマンはフランスに「聖地管理権(デブレット)」を与えていたが、フランス革命以降の混乱の中でこれがロシアの手に渡っていた。ようやく落ち着きを取り戻したフランス(ナポレオン3世)はその返還を要求してきたことで、事態が急速に動きはじめる。クリミア戦争の幕開けであった。

おいコラ待て！
それは我がロシアのモンだろうが！
勝手にフランスに渡すんじゃねぇ！

ロマノフ朝 第15代
ニコライ1世

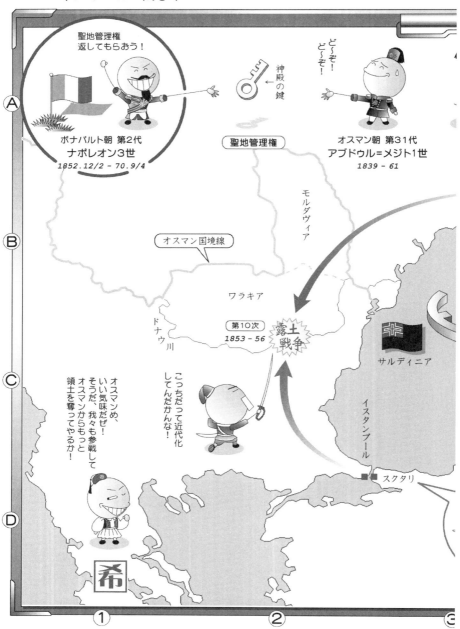

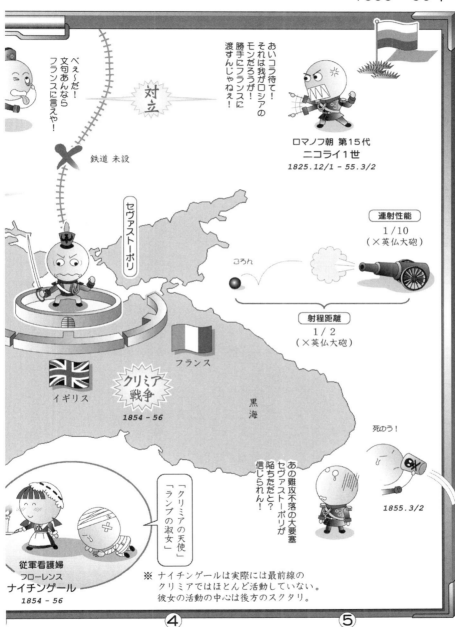

さて、いよいよ本幕から「オスマン滅亡のスパイラル」も最後の周回（5周目）に入り、いよいよ帝国の行く末も終局（デブレット）に近づいてまいりました。
　オスマン帝国衰亡史は、1683年の第2次ウィーン包囲を起点（スタートライン）として、「滅亡のスパイラル」を5周回ったあと、6周目に入ったところでリングが外れて滅亡へと驀進していくことはすでに解説いたしました。
　初めはオーストリアとの戦争（＊01）がきっかけでこのスパイラルが回りはじめ、2周目はロシア（＊02）、3周目はギリシア（＊03）、4周目はエジプト（＊04）との戦争がきっかけで次の周回に入りました。
　そして本幕5周目はふたたびロシアとの戦争となります。
　きっかけは「聖地管理権問題」でした。
　じつは遡（さかのぼ）ること300年ほど前、帝国（デブレット）がまだ絶頂の最中（さなか）にあったスレイマン大帝の御世（みよ）の1535年、フランスと「ベオグラード条約」を結んだことがありました（＊05）。
　このときオスマン帝国（デブレット）は、フランスに数々の通商特権とともに「聖地管理権」（カピチュレーション）も与えています。
　これは「聖地イェルサレムにおける生誕教会・聖墳墓教会（＊06）などの管理権を貸与する」というもので、これによりオスマンとフランスは永年にわたる友好がつづいていましたが、18世紀末、両国にヒビが入る事件が起こりました。
　それが「フランス革命（＊07）」です。
　「国民が主君を殺す」など、そんなおぞましい危険思想が帝国内に流入してもらっては困りますからオスマンはフランスと国交断絶、当然、通商特権（カピチュレーション）も聖地管理権も剥奪することになりましたが、ちょうどこのころ、オスマン帝国（デブレット）は第7次露土戦争（ロシアトルコ）の真っ最中で、ロシアはこの宙に浮いた「聖地管理権」に目を付けます。

（＊01）第5次/第6次 墺土戦争。（第2章 第2/4幕）
（＊02）第6次/第7次 露土戦争。（第3章 第1幕）
（＊03）ギリシア独立戦争。（第4章 第1幕）
（＊04）第1次/第2次 埃土戦争。（第4章 第3/4幕）

そこで、キュチュクカイナルジ条約が結ばれたときに「オスマンは帝国領内における正教徒の保護権をロシアに認める」という条項を付け加えさせ、ロシアはこれを盾にして、以後、執拗に「聖地管理権」を要求するようになり、ついに1808年、これを奪取することに成功していたのです。

こうした経緯により、「聖地管理権」はフランスからロシアへと移ることになりましたが、おめおめ利権を奪われたフランスは何をしていたのかといえば、試練つづきでそれどころではない状況がつづいていました。

10年の時を経てようやく"革命の嵐"が治まったかと思ったら、さらに10年にわたって"ナポレオン旋風"が巻き起こり(*08)、ようやくナポレオンが去ったかと思えば、今度は30年以上にわたってナショナリズム運動の暴風が吹き荒れ、革命・暴動・叛乱のお祭り騒ぎ。

しかし、フランス革命勃発より半世紀、ここでようやく落ち着きを取り戻したナポレオン3世は、ドサクサに紛れて奪われていた「聖地管理権（A-2）」の返還を要求します（A-1）。

オスマン帝国としても、過去何遍となく戦争を吹っかけられて険悪な関係の

聖地管理権

ボナパルト朝 第2代
ナポレオン3世

オスマン朝 第31代
アブドゥル＝メジト1世

(*05) ここでは詳しくは触れません。詳細は、前巻「第5章 第2幕」をご参照ください。
(*06) イエスが生まれたところ、墓があったところと伝えられる場所に建っている教会。
(*07) 詳しくは、世界史劇場シリーズ『フランス革命の激震』をご参照下さい。
(*08) 詳しくは、世界史劇場シリーズ『駆け抜けるナポレオン』をご参照下さい。

ロシアより、旧来どおりフランスにこれを与えてその歓心を買っておきたい。

そこで時の皇帝アブドゥル゠メジト１世（A-2/3）はあっさりとこれをロシアから剥奪してフランスに付与してしまいます。

怒り心頭の露帝ニコライ１世（A-5）は1853年７月、オスマン領のワラキア（B/C-2）・モルダヴィア（B-2）に軍を南下させてきました。

これが「第10次 露土戦争（＊09）」です。

露土両軍はドナウ川（B/C-1/2）を挟んで一進一退を繰り広げましたが、ロシアの南下を懸念する英仏が、翌54年３月、オスマン支援に動いて参戦、これが「クリミア戦争（C-4）」となります。

英仏連合艦隊の目標地点は、当時ロシア自慢の世界最大級の要塞があったクリミア半島南端のセヴァストーポリ（＊10）（B/C-3/4）。

ここを舞台として英仏vs露の熾烈な戦闘が始まりましたが、当時英仏はすでに産業革命の完成期に入っていたのに対し、ロシアはまだ産業革命すら起こっていませんでしたから、兵器の性能は雲泥。

たとえば戦艦ひとつ取ってみても、いまだ産業革命を起こしていないロシアと産業革命完成期の英仏では建艦技術に大きな開きがありましたし、そこに搭載された大砲など、射程距離は英仏の半分、連射性能に至っては英仏のわずか1/10という有様（B-5）。

ロシア軍が１発撃つ間に英仏は10発も打ち込んでくるうえ、しかもそもそもこちらの砲弾は届かない。

さらには、中央から戦地まで鉄道すら敷かれていません（A/B-3/4）でしたから、ロシアは兵站の維持も至難。

では、英仏が圧倒的に有利だったかといえばそうでもなく、英仏も本

(＊09) クリミア戦争（1854〜56年）と連動して動くため、「クリミア戦争の一部」として説明されていることが多いですが、厳密には別の戦争です。

(＊10) ちなみにこの半世紀後、ロシアは世界最大の大要塞「旅順」を建設します。当時最先端の要塞技術を投入したばかりか、規模はセヴァストーポリの６倍、「旅順を越えることができるのは鳥だけだ」と豪語しましたが、日本軍はこれをわずか４ヶ月半で陥としています。

国から遠く離れた敵地での戦闘で兵站の維持はロシア同様厳しく、しかも現地の地理に疎かったため、ロシアの地の利を活かした攻撃に大損害を被ることも珍しくなく、また、気候を読めなかったために嵐に遭って艦隊に大損害が出たりして攻めあぐねます。

こうして両軍消耗戦の様相を呈する中、大きな戦果もないまま毎日多くの傷病兵を出して、日に日に士気も衰えていきます。

このころの野戦病院は「あたかもダンテの『神曲』地獄篇そのもの」だったといいます。

あまりにも不潔すぎて、戦場で死ぬ兵より病院で病気にかかって死ぬ兵の方が圧倒的に多いという惨状。

そうした中で活躍したのがあのＦ．ナイチンゲール（Ｄ-３）です。

彼女は、こうした傷病兵を敵兵だろうが味方兵だろうが分け隔てなく献身的に看護したため、病院での死亡率は42％から２％まで激減し、傷病兵は感謝のあまり、夜ランプを手に見回りをする彼女の影に口づけをした（D-3/4）という伝説を生み、のちに「クリミアの天使」「ランプの淑女」（D-4）と呼ばれるようになったほどでした（＊11）。

厭戦ムードが高まる中、ついに戦況が動きます。

(＊11) ただし、彼女の伝記ではひた隠しに隠されつづけている事実あります。それは彼女が「人種差別主義者」であったということ。たしかに敵味方の区別なく看護したかもしれませんが肌の色では差別しました。「うす汚い黒人看護婦など認めない」という言動も残しています。「当時の時代背景を考えれば仕方ない」という擁護の言葉も聞こえてきますが、それならばそうしたことも含めて伝えるべきで、情報の選別・イメージ操作はいただけません。

1855年1月、サルディニア王国（B/C-2/3）が援軍に駆けつけたことによって均衡が破れ、その年のうちにセヴァストーポリ要塞は陥落！
　とはいえ、所詮は"一拠点"が陥ちただけにすぎません。
　この時点ですでにイギリスは財政が破綻、フランスもまた世論が厭戦ムード一色となって英仏ともに継戦は困難となっていましたから、もしここでロシアが「徹底抗戦！」の構えを見せたなら、英仏は無惨な敗走を強いられていた可能性は高かったでしょう(＊12)。
　しかし、運よくこの直後に露帝ニコライ1世が急死(＊13)したことで急速に講和に向かい、翌1856年、パリ条約が締結されることになりました。

(＊12) 日中戦争でも当初日本は南京が陥とせば戦争は終わると見ていましたが、南京陥落後も蔣介石が「徹底抗戦！」を唱えたために戦争はドロ沼化、日本は"進むも地獄、退くも地獄"の抜き差しならない状況に追い詰められて破滅の道をたどっていくことになりました。

(＊13) 死因は一説にインフルエンザといわれていますが、あまりに突然であったこと、またタイミングがタイミングだけに服毒自殺(D-5)ともいわれています。

第4章 東方問題

第7幕

暗雲垂れ込める改革
1856年 パリ条約

戦後、パリ条約が結ばれた。これはロシアにとっては「南下政策の挫折」を意味したが、英仏をはじめとする西欧列強には「帝国主義(デブレット)」へと突き進む転換点(ターニングポイント)となった。そしてオスマン帝国は、この直後に恩恵改革(タンジマート)の立役者・ムスタファ=レシト=パシャを失い、暗雲垂れ込めることになる。

まだ近代化の途中なのに…

オスマン大宰相
ムスタファ=レシト=パシャ

〈1856年 パリ条約〉

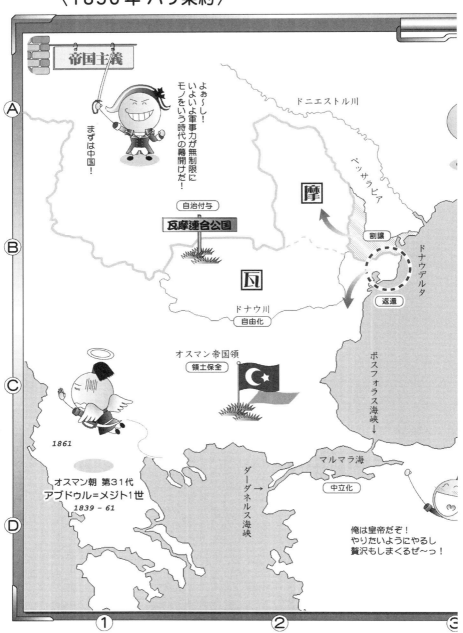

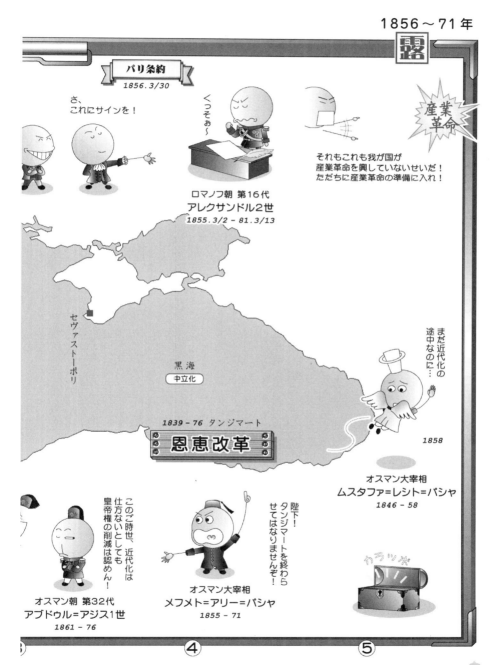

コライ1世が急死したあとを受けて即位したのは、その子アレクサンドル2世(＊01)(A-4)でした。

彼の皇帝(インペラートル)としての最初の仕事は、父君の起こしたクリミア戦争の尻ぬぐいとなり、パリ条約(A-3/4)では「原状恢復(かい)」を基本理念として以下のように決まります。

- 黒海の中立化　　　　　　　　　　　　　　　（B-C- 4 ）
- ボスフォラス・ダーダネルス両海峡の封鎖　　（C/D-2/3）
- ワラキア・モルダヴィア連合公国に自治を付与　（ B - 2 ）
- ベッサラビア南部(＊02)をモルダヴィアに割譲　（ B -2/3）
- ドナウ河口(デルタ)(＊03)をオスマン帝国に返還(デブレット)　　（ B -2/3）
- ドナウ川の自由化　　　　　　　　　　　　　（B/C- 2 ）
- オスマン帝国の領土保全(デブレット)　　　　　　　　　　（ C - 2 ）

これは、ロシアの南下政策ががんじ搦めに封殺されたことを意味しました。

ロシアが海に出る最短ルートは、黒海 → 君府(コンスタンティノープル)海峡(＊04) → エーゲ海ですが、今回の決定で君府(コンスタンティノープル)海峡を通ることができなくなったばかりか、黒海に軍艦を浮かべることすらできなくなってしまいます。

さらに、ロシアが戦前まで領有していたベッサラビア南部およびドナウ河口(デルタ)を失い、ドナウ川が自由化されたことで、オーストリア艦隊がドナウ川で睨みを利かせることも可能となってきました。

そのうえ、「オスマン帝国領が保全」されたということは、以降、「オスマン

(＊01) 第16代皇帝。ロマノフ朝は18代のときにロシア革命(1917年)で滅びますので、ロシアも滅亡まで残すところあと2人に迫っています。
(＊02) 第8次 露土戦争(1806～12年)のブカレスト条約(第3章 第2幕)で獲得した領土。
(＊03) 第9次 露土戦争(1828～29年)のエディルネ条約(第4章 第2幕)で獲得した領土。
(＊04) ボスフォラス・ダーダネルス両海峡とその間にあるマルマラ海を合わせた総称。

に因縁ふっかけて露土戦争に持ち込んで領土を奪う」という、南下政策の常套手段すらやりにくくなったことを意味します。

こうしてロシアの南下政策はいったん挫折。

苦杯を飲まされたアレクサンドル2世は以降、外交的にはこの条約の破棄に尽力(＊05)する一方で、内政的にはこたびの敗戦の原因を「産業革命」に求め、産業革命を起こすべく舵を切りはじめます(＊06)(A-5)。

一方、ヨーロッパはこれを境に急速に「帝国主義」へと傾き(＊07)(A-1)、イギリスは「光栄ある孤立」を謳歌しはじめ、ＡＡ圏への膨張戦争をじわじわと本格化させていきます。

この直後、英仏などは中国(清朝)に"チンピラ紛いのインネン"をつけて戦争(アロー戦争)を仕掛け、中国植民地化の足掛かりとしていきました。

勢いを増す欧州列強とは対照的に、オスマン帝国では「恩恵改革(C-4)」が行き詰まりはじめます。

こたびの戦争で、いよいよ近代化を強力に推し進めなければならないことが

(＊05) ロシアは普仏戦争においてプロシアに加担することでその支持を取り付け、「黒海中立化」の破棄を宣言(1870年)、翌年のロンドン条約で国際承認を得ています。

(＊06) この5年後の1861年、「農奴解放令」を発して産業革命の担い手であるプロレタリア階級の創出を図っています。

(＊07) 1850〜60年代は「帝国主義」への過渡期、本格化するのは70年代以降。

再確認されたのに、戦費で財政が悪化（D-5）して資金不足に陥ったうえ、さらにタイミングの悪いことに、この直後、恩恵改革の中心人物の大宰相ムスタファ＝レシト＝パシャ（C-5）と皇帝アブドゥル＝メジト１世（C/D-1）が相次いで亡くなった（1858/61年）ためです。

　これまでオスマン帝国が行ってきた近代化運動はことごとく、皇帝の死とともにいったん潰されてきました。

　今回も案の定、新帝アブドゥル＝アジス１世（D-3）は恩恵改革に非協力的（*08）で、そのうえ時代錯誤なことにも専制を望み、宮殿の造営・放蕩で国庫を浪費し、賄賂を求める有様(*09)。

　後任大宰相アリー＝パシャ（D-4）の時代、急速に恩恵改革に暗雲が垂れ込む中も時代は容赦なく進み、ついに歴史段階は「帝国主義時代」に突入。

　オスマン帝国はこのような混迷の中でこの試練を迎え討たなければならなくなったのでした。

恩恵改革

オスマン朝 第32代
アブドゥル＝アジス１世

オスマン大宰相
メフメト＝アリー＝パシャ

（*08）彼は近代化そのものの必要性は理解していましたが、皇帝権力の制限には反対でした。
（*09）その有様は、「金銭亡者スルタン」と陰口を叩かれたほど。

第4章 東方問題

第8幕

亡国の第113条
ミドハト憲法の成立

1874年、帝国最西北の地で叛乱が勃発した。それはロシアに軍事介入の絶好の口実を与えてしまう。時の大宰相（デブレト）ミドハト゠パシャは、英（イギリス）・墺（オーストリア）の支持を取り付けるため、憲法制定を急ぐが、肝心の皇帝（こうてい）が帝国の置かれた窮境をまるで理解できず、いまだ専制体制に戻すことを目論んでいた。

オスマン帝国基本法

- 第 1 条　帝国の不可分性
- 第 3 条　皇帝はスルタン権とカリフ権を有する
- 第11条　ムスリムとズィンミーの平等
- 第12条　言論・出版・集会の自由
- 第28条　政府は責任内閣制
- 第42条　帝国議会は上下二院制
- 第60条　上院（元老院）議員は皇帝による任命
- 第65条　下院（代議院）議員は比例代表選挙
- 第113条　皇帝非常大権

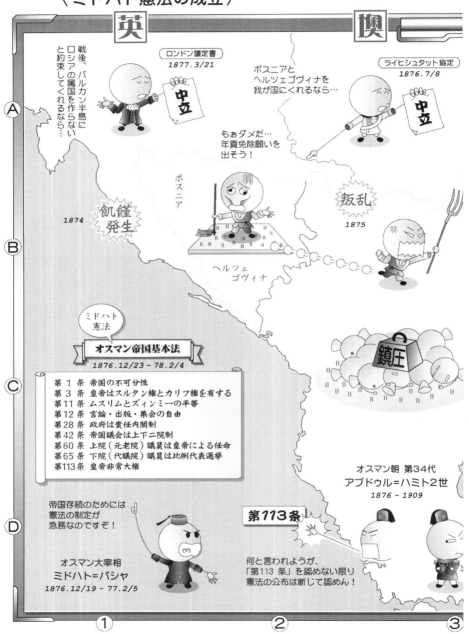

第8幕 ミドハト憲法の成立

近代化の速やかなる実行は帝国の存亡にかかわるのに、先の戦で国庫は破綻寸前で思うように身動きできないまま、時は待ってくれず、まもなく「1870年代」を迎えます。

── 1870年代。

この時代は、世界的規模で"大津波"が襲いかかり、歴史が大きくうねる「激動時代」です。

1873年、オーストリアの帝都（ウィーン）から始まった金融恐慌（＊01）もその"津波"のうちのひとつでした。

それは瞬く間に全欧・北米に波及（＊02）、その煽りはただでさえ財政が逼迫していたオスマン帝国にもおよび、貿易収支を悪化させます。

悪いときには悪いことが重なるもの。

そんな折の翌1874年、帝国領の西北端にあたるボスニア・ヘルツェゴヴィナ両州（B-1/2）で大飢饉が起こりました。

もはや年貢を納めるどころか、自分たちの食い扶持すら確保できない惨状に、両州住民は帝国に「年貢の免除」を願い出ます。

帝国領内に飢饉が起こって「年貢の減免願い」が出されたとき、政府はこれを調査の上、たいていは飢饉の程度に応じてこれを受理します。

飢饉で年貢が払えないのにその取り立てを強行したところで、叛乱が起こって結局年貢が手に入らないどころか軍事費用が嵩むだけ。

そのうえ住民からの深い恨みを買ってしこりが残り、その後の統治がやりにくくなるだけで、何ひとついいことなどないためです。

ところがこのときは違いました。

愚かにもアブドゥル＝アジス1世は、周囲の反対を押し切ってこれを不受理にしてしまいます（B-4）。

（＊01）当時は「大恐慌」と呼ばれましたが、その後1929年に起こったものを「大恐慌」と呼ぶようになったことで、こちらは単に「恐慌」あるいは「大不況」に格下げになりました。

（＊02）これにより、1850年代からつづいた「Pax Britanica」は終焉を迎えます（狭義）。
ただし、第一次世界大戦までつづいたと考える場合もあります（広義）。

第8幕　ミドハト憲法の成立

　――我が国の財政も苦しいのだ！
　　ここはどうしても例年どおり年貢を納めてもらうぞ！
　しかし、そんなことを言われても「ない袖は振れない」。
　案の定、翌75年、それは一揆となって爆発します（B-2/3）。
　これが所謂「ボスニア・ヘルツェゴヴィナ蜂起」です。
　それはボスニア・ヘルツェゴヴィナだけに留まらず、彼らに同情が集まってセルビア・モンテネグロ・ブルガリアなども一斉に蜂起、バルカン情勢は大混乱に陥ってしまいます。
　叛乱そのものはなんとか鎮圧（C-2/3）できたものの、その代償はあまりにも大きすぎました。
　まず財政的には、その戦費が嵩んでついに債務不履行(*03)を起こしてしまったうえ、外交的にも、叛乱地域の住民が「スラヴ系正教徒」であったことを口実として、ロシアが「汎スラヴ主義(*04)（A-5）」「正教徒保護権」を口実として

(*03) 借款（外国からの借金）の利子すら払えなくなった状態を言います。債権者というものは、たとえ債務者が元金を返せなくないような状態に陥っても、利子さえ払っていれば黙っていますが、利子すら払えなくなったとき、「催促」「差押え」等の実力行使に出ます。

(*04)「スラヴ人同士で扶け合い、スラヴ人の独立と統一を達成しよう」という思想。
　　おもにロシアのバルカン半島への軍事介入の口実に利用された。

軍事介入の構えを見せたことです。

こんな状況で、もし"露土戦争(デブレット)"など勃発してしまったら、帝国は存亡の機に陥ることは必定。

それもこれも、近代化には非協力的、そのうえこの国難にあって放蕩と収賄の限りを尽くしてさんざん国政を引っ掻き回したうえ、果ては、慣行に反して「年貢の免除願い」を不受理にした無能皇帝(スルタン)アブドゥル＝アジス1世のせい。

この「やりたい放題」の皇帝(スルタン)に対してついに改革派の怒りが爆発、翌76年、時の大宰相(ヴェズィラザム)ミドハト＝パシャ（B-5）を中心として政変(クーデタ)が起こり（C-5）、彼は廃位させられることになりました(＊05)。

ミドハト＝パシャは新皇帝として、いったんは先帝（アブドゥル＝メジト1世）の子ムラート5世（D-4）を即位させましたが、彼は酒に溺れて精神を病んでいたため3ヶ月(みっき)で退位させられ、その弟アブドゥル＝ハミト2世（D-3）が即位することになりました。

これから新帝とミドハト＝パシャ、2人が足並みをそろえて近代化を推進していかなければなりませんが、すでに時は切迫しています。

今にも軍事介入してきそうなロシアを抑えるためには、ロシア以外の欧州(ヨーロッパ)列強の支持が絶対的に必要なのに、ロシアはすでに先手を打ち、「こたびの開戦はあくまでもバルカン半島におけるスラブ民族の独立をため！」と喧伝、バルカン情勢に深い関心を持つ英(イギリス)（A-1）墺(オーストリア)（A-2/3）から中立(＊06)を勝ち取っていたのです。

　　　外壕(ほり)は埋められた！

大宰相(ヴェズィラザム)ミドハト＝パシャは「オスマン帝国憲法(デブレット)(＊07)（C-1）」を起草し、帝国が「西欧型の近代的な法治国家」であることを内外にアピールすることで英(イギリス)

(＊05) その直後に死亡。自殺とも、謀殺ともいわれています。

(＊06) 1876年、オーストリアはボスニア・ヘルツェゴヴィナをオーストリアに割譲する条件（ライヒシュタット協定）で、翌77年、イギリスはロシアがバルカン半島にロシアの属国を作らない条件（ロンドン議定書）で、それぞれ中立を約しました。

(＊07) 正式名称は「オスマン帝国基本法」。通称「ミドハト憲法」。

墺(オーストリア)の歓心を買おうとしましたが、この切迫した状況にあって、皇帝(スルタン)アブドゥル＝ハミト2世が頑としてこれを承認しようとしません(D-2/3)。

じつは。

アブドゥル＝ハミト2世は、さも「改革に理解」を示しているような外面(そとづら)を示していましたが、内心は先帝・先々帝を廃位に追い込んだミドハト＝パシャを深く憎んでおり、専制を復活したいと望んでいたためです。

―― 帝権を制限するような憲法など認めてたまるか！

まるっきり自分の置かれた情況が読めていない。

帝国が断末魔(デブレット)の声をあげている中で、立つ皇帝(スルタン)立つ皇帝(スルタン)何度代わろうともどいつもこいつも愚帝ばかり、帝室にろくな人材がいなかったことがオスマン帝国(デブレット)の寿命を縮めることになりました。

しかし、一刻も早く皇帝(スルタン)を説得しなければ、明日にもロシアが国境を破って軍を南下させてくるやもしれず、予断を許しません。

アブドゥル＝ハミト2世は、憲法公布の条件として「第113条」を要求しました(D-2)。

> 第113条　皇帝(スルタン)は、国家の安全を脅かすと判断された人物を自由に追放処分にする権利を有する。

しかしながら、こんなものを認めたら、ミドハト＝パシャは"国家の安全を脅かす人物"と勝手に"判断"されて"追放処分"になるに決まっています。
　そんなことはミドハトも重々承知していましたし、周囲の者も反対しましたが、すでに事態は切迫しており、憲法成立を急いだ彼は決意します。
「ここは、陛下がそんな理不尽はなされないと信じよう。
　もし陛下が『113条』を振りかざすことがあったとしても、
　私の地位と引き換えに憲法が成立するなら安いものだ！」
　奇しくも。
　この20年後、同じくロシアと開戦直前だった明治期の日本でもよく似た出来事がありました。
　当時の日本は日露戦争を目前に控え、「六六艦隊(＊08)」の建造に血眼になっており、その旗艦となるべき戦艦三笠をイギリス(ヴィッカース社)に発注したものの、ついに資金不足に陥って手付金すら支払えなくなって行き詰まったことがありました。
　三笠なくして「六六艦隊」は完成せず、「六六艦隊」なくして日露戦争は戦えません。
　当時海相になったばかりの山本権兵衛はついに万策尽き、前任者の西郷従道(＊09)に相談したところ、西郷はこう答えたといいます。
「それは是が非でも手に入れねばならぬ。
　金がないなら、別のところから予算を流用すればよい。
　もちろん違憲じゃが、もしこれが追及されたら2人で腹を切ればよいこと。
　我ら2人の腹で三笠が手に入るなら安いものだろう」
　アジア大陸の東の果て(日本)と西の果て(トルコ)、お互いに離れたところに

(＊08)最新鋭の「6隻の戦艦・6隻の巡洋艦」を中心とした艦隊。

(＊09)ちなみに、山本の本名は「ごんのひょうえ」ですが、周りの者がみな「ごんべえ」と読むので、本人も否定せず「ごんべえ」と名乗るようになったといいます。西郷も本名は「隆道(りゅうどう)」だったのに、役人が間違えて名簿に「従道(じゅうどう)」と登録してしまうと、やはり否定することなく「じゅうどう」と名乗るようになったといいます。

あっても、お国のために命を賭けた政治家の姿が重なります。

こうしてミドハトの決意により、ようやく1876年12月23日、念願の憲法が成立しました。

これがアジアで初めて^{（＊10）}公布された全119条から成る憲法です。

第1条で「帝国は単一にして如何なる理由であっても分割は認めない」こと、

第2条で「帝都はイスタンブール」であること、

第3条で「スルタン＝カリフ制」を宣言したあとは、西欧の憲法を模倣したものです。

しかし。

案の定、「ミドハト憲法」が成立するや否や皇帝はただちに牙を剥き、「第113条」を盾にしてミドハト＝パシャを追放処分にしました^{（＊11）}。

彼が国外追放された翌月には憲法に基づいて帝国議会が招集されたものの、さらにその翌月にはロシアはついに国境を突破してきます。

これが前後11度にわたって繰り返されてきた「露土戦争」の最終決戦となる「第11次露土戦争」です。

よし！
英墺は中立を守る
と約束したぞ！
開戦だ！

汎スラヴ主義

露

（＊10）これについては、本幕コラム「アジア初の憲法は？」をご参照下さい。

（＊11）1877年2月のこと。こののち彼は許されて帰国を果たし、しばらくは地方の知事を歴任していましたが、ふたたびミドハト憲法の復活を図って策動しはじめたため、1881年「先々帝アブドゥル＝アジス1世殺害容疑」を口実として逮捕され、ターイフ刑務所に収監されたのち、84年に処刑されることになります。享年64。

Column　アジア初の憲法は？

　歴史書を紐解くと、「アジア初の憲法」を「ミドハト憲法」としているものと、「大日本帝国憲法」としているものがあります。
　じつはこれ、ミドハト憲法は解釈によって「アジア初の憲法」と位置づけるのにはいろいろと曖昧(グレイゾーン)な問題があり、判断が分かれているためです。
　たとえば、「そもそもオスマン帝国(デブレット)はアジアの国なのか？」という問題があります。
　オスマン帝国(デブレット)は、領土的にはアジア大陸・ヨーロッパ大陸・アフリカ大陸にまたがっており、純粋に「アジアの国」とは言い切れません。
　このように多地域にまたがった国の場合、たいてい首都がある場所で判断されますが、オスマンの帝都(イスタンブール)はヨーロッパ側にあります。
　つぎに民族的に見ても、もとを糺(ただ)せばアジア系かもしれませんが、永年にわたって白人との混血が進んだ結果、外見的にも白人に近く、彼ら自身の意識上も「ヨーロッパ人」という意識がたいへん強い。
　さらには、ミドハト憲法はたしかに「公布」されはしたものの、わずか1年で停止されてしまったため、ほとんど憲法として機能していません。
　そんなものを「初」と呼んでよいものか。
　そもそも、通称「ミドハト憲法」と呼ばれているものの、厳密には「基本法」であって「憲法」ですらありません。
　「基本法は憲法ではない」という考えもあれば、「厳密にはそうかもしれないが、憲法がない国では実質的に基本法が憲法の役割を負わされるのだから実質的には同じ」という考え方もあります。
　しかし「同じ」という主張は、同じならばなぜ敢えて「憲法」とせず「基本法」としたのか、という疑問に答えることができません。
　以上のような理由で、ミドハト憲法は「アジア初」とするにはあまりにも微妙な問題を多く含むので"グレイゾーン"、大日本帝国憲法は疑ごうことなき「アジア初」ということになります。

第4章 東方問題

第9幕

自業自得の白旗
第11次 露土戦争

英・墺（イギリス・オーストリア）の中立を取り付けたロシアはただちに軍を動員した。これが第11次露土戦争である。開戦とともにオスマン軍は総崩れを起こし、帝都近郊のサン＝ステファノで講和条約を結ぶことになったが、この内容に英・墺（イギリス・オーストリア）が激怒する。戦争が終わったばかりだというのに早くも暗雲が垂れ込めてくる。

〈第11次露土戦争〉

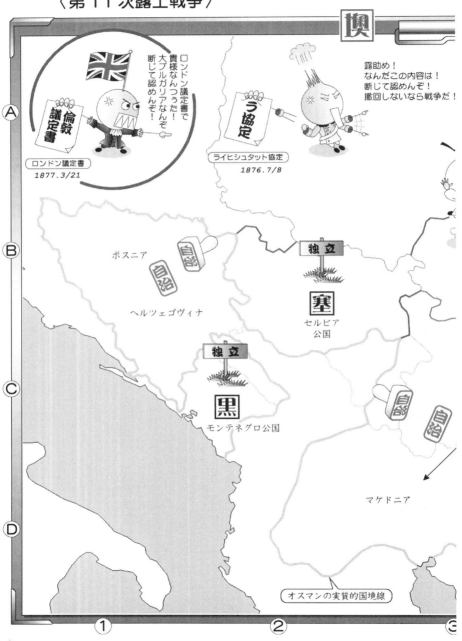

第9幕 第11次露土戦争

シアはクリミア戦争での反省に立ち、あらかじめ英墺の中立を取り付けるべく、これまで外交努力に時間を費やしていましたが、ついにそれが成るや、皇帝アレクサンドル2世（A-5）はただちに動員令を発します（＊01）。

　これがロシアvsオスマンの最後の戦争「第11次露土戦争（C-4）」です。

　戦端が開かれるや、オスマン帝国はアッという間にドナウ川（B/C-3）を突破され、プレヴェン要塞（B/C-3/4）が包囲されます。

　ここはオスマンにとって"絶対防衛線"。

　ここが陥ちればあとは帝都（D-5）まで遮るものはありません。

　そのためオスマン軍も必死にこれを守りましたが、ロシア軍の4度にわたる総攻撃に屈し、5ヶ月と保たずに陥落（＊02）。

　そうなればもはや、ロシア軍は"何もなき野を往くが如し"。

　副都エディルネ（C/D-4）もあっけなく陥ち、ロシア軍はたちまち帝都近郊のサン＝ステファノ（D-5）に到達します。

　帝都の目の前に殺到するロシア軍を前にして、皇帝アブドゥル＝ハミト2世（C-5）は狼狽、ここにあっさりと白旗を振ることになりました。

　ロシアと開戦すればこうなることは初めからわかりきっていたこと。

　だからこそ、ミドハト＝パシャはそうならないために東奔西走してきたのに、アブドゥル＝ハミト2世はそれを妨害しつづけたばかりか、開戦直前、その彼を国外追放した結果がこの始末。

　こうして、ロシア軍の最前線基地が置かれたサン＝ステファノで講和条約が結ばれることになります。

　その内容たるや、自業自得とはいえ、アブドゥル＝ハミト2世は我が目を疑うほど厳しいものとなりました。

（＊01）オーストリアが中立を約した（ライヒシュタット協定）のが1876年7月8日、
　　　　イギリスが中立を約した（ロンドン議定書）のが1877年3月21日。
　　　　そして、ロシアが宣戦布告したのは、そのわずか1ヶ月後の4月24日です。

（＊02）1877年7月20日〜12月10日の5ヶ月弱。

- ワラキア・モルダヴィア連合公国はパリ条約で得たベッサラビア南部（A-5）をロシアに返還。
- その代償として、連合公国はドブロジャ地方（B-4/5）を併合し、ルーマニア公国（B-4）として独立。
- セルビア（B-2/3）・モンテネグロ（C-2）も独立。
- ブルガリア（C-3）は、東ルメリア（C-4）・マケドニア（D-2/3）・西トラキア（C/D-3/4）を併合し、大ブルガリア公国（C/D-3）として自治を付与。監視のため、当面2年間はロシア軍が進駐。
- ボスニア・ヘルツェゴヴィナ（B/C-1/2）にも自治を付与。

これを知ったイギリス（A-1）とオーストリア（A-2）は激怒。

イギリスが一番問題視したのが「大ブルガリア公国」の存在です。

一応、建前上は「オスマン主権下の自治」となっていましたが、「当面2年間はロシア軍がブルガリアに進駐する」ことが確認されたため、これでは実質的に「ロシア主権下の自治」といってよい(*03)。

(*03)「外国軍が進駐する」ということは、された国はした国の軍政下に入ったことを意味し、それは属国になったことと同義です。
今回、ロシアも英・墺を気兼ねして、一応「2年」という期限が切られましたが、あのロシアがバカ正直にそれを守るなど考えられず（前科は数えきれないほどあり）、2年経てば何やかやと理由をつけて延長し、ズルズルと支配をつづける腹づもりに決まっています。

ロシアは戦前、イギリスと「バルカン半島にロシアの属国を作らない」という約束(＊04)で中立を守らせましたが、これでは話が違う。
　そのうえ、ブルガリアの領土が不自然に大きすぎ、地中海沿岸にまで達してしまっています。
　ロシアが「地中海沿岸に軍港を建設させ、そこにロシア艦隊を並べる」算段であることは誰の目にも明らか。
　制海権を握るイギリスは断じてこれを認めるわけにはいきません。
　またオーストリアは「ボスニア・ヘルツェゴヴィナを譲り受ける」ことを条件として中立を約束(＊05)していましたが、これはボスニア・ヘルツェゴヴィナを"バルカン侵寇の橋頭堡(きょうとうほう)(＊06)"とするためです。
　ところが、地図を見れば一目瞭然、羅(ルーマニア)塞(セルビア)黒(モンテネグロ)に独立されてしまったのでは、これら3国がオーストリアとバルカンを遮(さえぎ)る防波堤(バリア)となり、オーストリアは身動きが取れなくなってしまいます。
　こうして英(イギリス)墺(オーストリア)は、「もしロシアがただちにサン＝ステファノ条約を破棄しないならば戦争も辞さない！」構えを見せ、戦争が終わったばかりだというのに、事態は緊迫していくことになりました。

（＊04）「ロンドン議定書」のこと。
（＊05）「ライヒシュタット協定」のこと。
（＊06）本来の意味は「橋を守るために作られた軍事設備」。転じて「拠点」「足がかり」。

第4章 東方問題

第10幕
誠実なる仲介人の企み
ベルリン条約

サン=ステファノ条約の内容を知ったオーストリア・イギリスは激怒する。戦前に結ばれた中立協定に違反していたからである。しかし、こうした墺露の対立は、ドイツの安全保障上きわめてまずい状況であった。そこでこの窮状を打開すべく、ビスマルクが「誠実なる仲介人(マクラー)」を自称して仲介を買って出たのだが…。

サン=ステファノ条約よりはいくらかマシになったとはいえ大失陥に変わりない…

くやしい…

オスマン朝 第34代
アブドゥル=ハミト2世

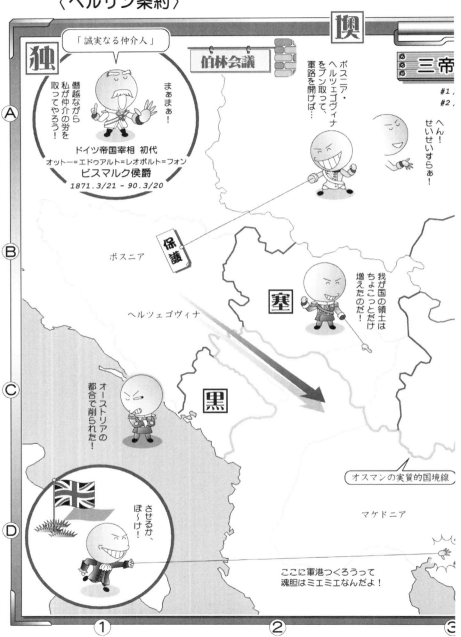

第10幕 ベルリン条約

じつは、こうした情勢に狼狽していたのがドイツ第二帝国宰相　O.ビスマルク（A-1）。

　もしこのまま「露vs英・墺」という構図で全面戦争に突入でもされたら、ドイツは非常に困った立場に追い込まれることになるためです。

　当時のドイツは墺露とともに「三帝同盟（*01）（A-3）」を結んでおり、これを軸とした安全保障体制を築いていました（*02）が、その同盟国同士の墺露が交戦状態に入るとなれば、当然「三帝同盟」は崩壊、ドイツの安全保障体制は根柢から崩れてしまうことになるためです。

　そこでビスマルクは「なんとしても和解してもらわねば！」とばかり、自らを「誠実なる仲介人」と称して仲介を申し出ます。

　ドイツはバルカン利権に絡んでいないし、墺露どちらとも同盟関係にあるため、どちらか一方に手心を加えることもない、公正な判断を下すことができる──というわけです。

　こうしてビスマルク主催の下、ドイツ帝都において「ベルリン会議（A-2）」が開催されました。

　内容は次のとおり。

（*01）19世紀末、ヨーロッパには「帝国」が3国（独・墺・露）しかありませんでしたが、その3国が揃い踏みした同盟なので「三帝同盟」と言います。
　　　　三帝同盟は2回結ばれ、「第1次」が1873～78年、「第2次」が1881～87年。

（*02）これには複雑な背景があるのですが、本書の主旨からズレてしまうのでここでは詳しくは触れません。『世界史劇場』シリーズ続刊にて詳説いたします。

- ベッサラビア南部をロシアに返還　　　　　　　→ 承認
- ルーマニアはドブロジャを併合したうえで独立　→ 承認
- セルビア・モンテネグロも独立　　　　　　　　→ 承認
- 大ブルガリア公国に自治を付与　　　　　　　　→ 承認
- ボスニア・ヘルツェゴヴィナの行政権をオスマンから剝奪 → 承認

　なんと、サン=ステファノ条約におけるロシアの主張がことごとく承認されたのです。
　これでロシアはさぞやご満悦かと思いきや、ロシア全権（ゴルチャコフ外相）の怒りに打ち震える姿がありました。
　じつは、こうしたものはすべて表向き。
　一見、ロシアの主張をすべて呑んでいるように見せながら、そのじつ、それぞれの項目を換骨奪胎し、その裏に隠されたロシアの企みをことごとく無効化してあったのです。
　たとえば、ブルガリア（C-3/4）問題。
「ロシアさんの要求どおり、ブルガリアの自治は認めましょう。
　ただし、これは少々広すぎるようですな。
　ブルガリア本土以外の地（*03）は放棄させますぞ？」

(*03) 東ルメリア（C-4）・マケドニア（D-2/3）・西トラキア（D-3/4）など。

　ロシアがブルガリアを作った"真意"は、「ブルガリアに自治を与えてあげたいという善意」ではなく、あくまでブルガリアを隠れ蓑として地中海にロシアの軍港（D-3/4）を造ること。
　地中海を持っていないブルガリアなど、ロシアにはなんの意味もありません。
　また、羅(ルーマニア)（B-4）塞(セルビア)（B/C-2）黒(モンテネグロ)（C-1/2）の"バルカン三国"についても、
「よろしい。
　ロシアさんの要求どおり、三国の独立は認めましょう。
　ただし、モンテネグロの領土は少しだけ縮小させますぞ？」
　サン＝ステファノ条約でもモンテネグロ・セルビアの間は少し空いていましたが、その"隙間（C-2）"は山岳地帯で陸軍が通れませんでしたから、モンテネグロの北東部を少し削ることで、オーストリアがバルカン半島へ軍を送り込むための軍路を確保するためです。
　これでは、羅　塞　黒　三国をバルカンの防波堤(バリア)とするロシアの意図が無効になってしまいます。
　さらに、ボスニア・ヘルツェゴヴィナの行政権をオスマンから剝奪するのはいいとして、それにより「自治を認める」のではなくオーストリアに与えるものとする（オーストリア保護国化）。

（＊04）ビスマルクという人物はおそろしく「狡猾」「海千山千」「したたか」「老獪」なので。

これによりオーストリアは、ボスニア・ヘルツェゴヴィナを橋頭堡としていつでもバルカン半島に軍を送り込めるようになります。
　ロシアがサン゠ステファノ条約で主張した内容は「表面的にはすべて叶えられているように見せかけながら、実際には何ひとつ叶っていない」という、如何にも"ビスマルクらしい(*04)"裁決となりました。
　しかし、この裁決に激怒したロシアは、まもなく三帝同盟(ドライカイザーブント)を脱退(A-3/4)したため、結局はビスマルクはドイツの安全保障体制を根柢から見直さなければならなくなってしまうのですが。

- -

　さて。
　広い意味ではこれ以降も、1922年にオスマン帝国が滅亡(デブレト)するその日まで「東方問題(スタンクェスチョン)」はつづきますが、ここから先は「後日譚(エピローグ)」的なものにすぎません。
　これからは1870年代を越え、歴史が新しい段階に入るためです。
　すでにその萌芽は1856年のパリ会議のころから生まれていましたが、この1870年代からついにそれが本格化しはじめます。
　所謂(いわゆる)「帝国主義時代」の幕開けです。
　帝国主義時代とは、「人道・道徳は消え失せ、無制限に武力がモノをいう時代」であり、強国が弱小国を問答無用で植民地とし、その民族を無慈悲に隷属させ、その富を吸い尽くしていく時代です。
　元々"戦闘民族(*05)"だった白人(コーカソイド)はこれに「水を得た魚(うお)」、いや、「翼を得た虎」「時を得た風雲児」となってこの時代に勇躍することになります。
　ＡＡ圏(アジア アフリカ)の国・民族は片端からその隷属下に置かれていく時代が始まり、それは大帝国であったオスマン・ムガール、そして清朝ですら例外ではありませんでした。

(*05) 約1万年前、人類史に「生産革命」が起こって、人類の生計形態が大きく農耕と遊牧(牧畜)の2つに枝分かれして以来、コーカソイドは遊牧系に属すことになりましたが、遊牧世界では「戦に勝利した者だけが生き残る権利が与えられる」という世界観にあったため、そうした永年の自然淘汰の中で子孫を紡いできた彼らは「強い者が正義!」という強烈な尚武観を持つ"戦闘的民族"が形成されることになりました。

Column ビスマルク体制

　近世に入り、ヨーロッパには「国際秩序(インターナショナル・オーダー)」なる概念が生まれました。

　ヨーロッパ人がいわば「戦闘民族」であることは本幕でも触れましたが、近世に入るとその民族性が自分の首を絞めることになってきます。

　中世までなら、兵器も古代から変わり映えしない弓矢と刀剣の幼稚なものでしたし、半士半農の騎士たちが主力でしたから農繁期になると浮き足立ってしまい、戦いたくても長く戦えませんでした。

　ところが近世に入ると状況は一変、兵器は重火器が投入されるようになり、常備軍が整備されたことにより常時戦えるようになると、「戦闘民族」としての特性も相まって戦火を止める術(すべ)なく、ヨーロッパのどこかで小さな争いが起こると、アッという間に戦禍が全欧(ヨーロッパ)に拡大するようになってしまったためです。

　──俺たちは放っておけば際限なく戦争を遂行し、
　　これではどちらが勝とうが、結局疲弊して共倒れになってしまう。

　そのことを自覚した彼らは17世紀、「国際秩序(インターナショナル・オーダー)」というものを編み出し、これによって秩序を保ち、「これを破った者はみんなで袋叩きにしてやろう！」という自縄自縛の方策を思いつきます。

　こうして、「ウェストファリア体制」を初として、「ウィーン体制」「ヴェルサイユ体制」「ヤルタ体制」など現在まで多くの国際秩序(インターナショナル・オーダー)が生まれては消えていきましたが、そのほとんどはその時代の列強たちが集まる「国際会議」によって決められたものです。

　しかし、唯一の例外"一政治家の政治手腕のみで維持された国際秩序(インターナショナル・オーダー)"こそが「ビスマルク体制（1871〜90年）」です。

　たったひとりの政治家の掌の上で国際秩序(インターナショナル・オーダー)が構築・維持されるなど、常識的には考えられないことで、彼の天才ぶりが窺われます。

　本幕で彼がベルリン会議を主催したのも、この「ビスマルク体制」を守るためだったのです。

第5章 解体するイスラーム

第1幕

不凍港を求めて
ロシアの南下政策

大北方戦争、東方問題、露斯戦争（ロシアイラン）、グレート・ゲーム、日露戦争などなど、18世紀19世紀を中心としたユーラシア大陸の国際紛争の多くがロシアの南下政策に起因している。ロシアは何故に侵掠（しんりゃく）行為を止めぬのか。その答えは、建国以来のロシアの動きを地図で紐解いたとき初めて見えてくる。

うが～っ！
北と西からロシア！
東から日本！
南から英仏が
侵寇してくるぅ！

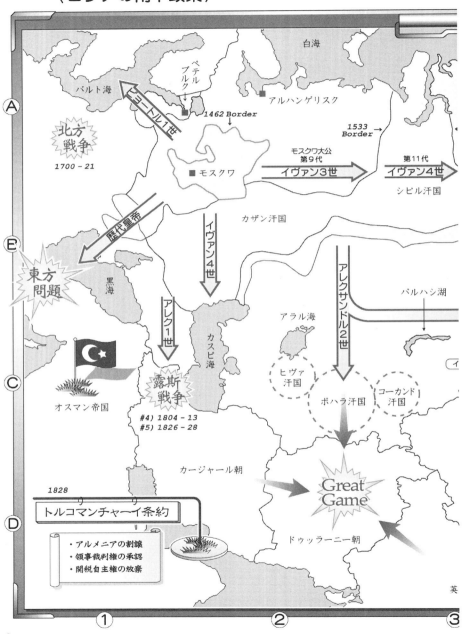

第1幕 ロシアの南下政策

17〜19世紀

前章では18世紀のオスマン帝国(デブレット)の崩壊過程を見てまいりましたが、人類の歴史が大きくうねる「1870年代」に入ったところでいったん切り、本章からはふたたび時を1815年まで遡(さかのぼ)って、前章のオスマン帝国(デブレット)と同時代（1815～70年代）のカージャール朝・ムガール帝国(グーラカーニー)がどのような歴史を歩んでいったのかを追っていきます。

　しかし本題に入る前に、その「第1幕」ではその基礎知識として「ロシアの南下政策」について解説することにします。

　今でこそ広大な国土を持つロシアですが、もともとは中世にモスクワ周辺（A-B-1/2）に現れた辺境の小国（モスクワ大公国）にすぎませんでした。

　それがイヴァン3世（A/B-2）・4世（A/B-3）と東進をつづけ、ロマノフ朝になってからもアレクセイ1世（A/B-3/4）・フョードル3世（A/B-4）・イヴァン5世（A/B-4/5）と歴代皇帝(ツァーリ)が東進に力を注いだ結果、17世紀の末までにロシアはシベリア平原をあらかた制します。

　しかし、手に入れた国土はほとんど"氷の大地"で、港といえば「1年のうち何ヶ月ものあいだ氷に閉ざされる凍港[*01]」しかありません。

　これでは冬になると商船も軍艦も身動きできず、平時には商売、戦時には戦争もままなりませんでしたから、ピョートル大帝（A-4）のころから次なる宿願は「凍らぬ海（不凍港）を手に入れること」へと移り、これが18世紀以降のロシアの「南下政策」へと繋がっていくことになったのです。

　彼がまず目を付けたのが、もっとも手近なところでバルト海（A-1）。

　ピョートル大帝は20年以上にわたる「（大）北方戦争[*02]（A-1）」でこれを勝ちとったものの、これによって手に入れたペテルブルク（A-1/2）は完全な不凍港ではありませんでした[*03]から、まだ満足できません。

　そこで、北方戦争が一段落ついたロシアが次に狙ったのは、黒海（B/C-1）と

（*01）白海に面したアルハンゲリスク港（A-2）など。

（*02）1700～21年、デンマーク・プロシア・ポーランドなどと「北方同盟」を結んでバルト帝国・スウェーデンとバルト海の覇権を争った戦争。

第１幕　ロシアの南下政策

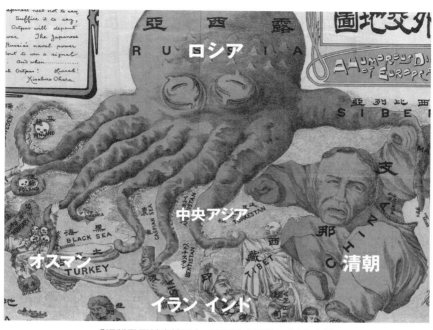

『滑稽歐亞外交地圖』　西田助太郎作　1904 年

　その先にあるエーゲ海。
　しかし、そこにはオスマン帝国（C-1）がどんと鎮座していましたから、これが 18 世紀後半から 19 世紀後半、1 世紀以上にわたる露土戦争（第 6 ～ 11 次）となって具現することになりました(＊04)。
　さらに 19 世紀に入ると、これと並行して、まだ天下を統一したばかりで地盤の固まっていないカージャール朝（C/D-1/2）に目を付け、その"触手"を

（＊03）それまでロシアが持っていたどの港よりも氷が張る期間は短かったため有望な港になったものの、氷が張らないわけではありませんでした。
（＊04）本書「第 4 章」を参照。

伸ばし（*05）、それが露斯戦争（C-1/2）を引き起こしましたが、これもカージャール朝の南にある「不凍港」を狙ったがゆえ。

19世紀後半になると、さらにこれらと並行して中央アジア・東アジア方面にも手を伸ばしてきます。

その"北の大地から南へ多方面に触手を伸ばそうとする姿"は「鮹」に準えられて各国で風刺画に描かれる（前ページ図参照）ようになったほど。

- 18世紀後半 〜 地中海　　を目指す「黒海バルカン方面」
- 19世紀前半 〜 ペルシア湾を目指す「イラン　　　方面」
- 19世紀後半 〜 インド洋　を目指す「中央アジア　方面」
- 19世紀後半 〜 東シナ海　を目指す「東アジア　　方面」

中央アジアへの南下（B/C-2/3）は、ドゥッラーニー朝（D-2）を挟んで露・英・斯の三ッ巴戦「グレート・ゲーム（D-2/3）」を生み、東アジアでは、1856年にアロー戦争（C/D-4/5）に便乗して愛琿条約・北京条約（A/B-5）で外満洲（*06）（A/B-5）を掠め取ります。

これによりロシアは、ついに夢にまで見た不凍港「ウラジヴォストーク（*07）（B-5）」を手に入れました。

しかし、それでもロシアの欲望は飽くことを知らず、さらに「次」を求め、その先の不凍港旅順（B/C-5）を我が物とせんと内満洲（B-5）までも窺ったことがロシアの命取り（*08）となるのですが。

カージャール朝開祖アーガー＝ムハンマドも、こうしたロシア情勢をよく理解していたが故に、国内平定もそこそこ、ロシアへと"北伐"を始めたのでした。

しかしアーガーは志半ばで客死、跡を継いだ新帝（ファトフ＝アリー）が北伐

(*05) 本書「第3章 第3幕」を参照。

(*06) 「外満洲」とは外興安嶺以南・黒竜江以北・ウスリー江以東の地域。1858年の愛琿条約で黒竜江以北を、1860年の北京条約でウスリー江以東を手に入れました。

(*07) ウラジヴォストークとは「東を征服せよ」という意味。もちろん"東"とは「日本」のことで、ロシアがここを橋頭堡として日本征服を目論んでいたことが窺い知れます。

を引き継ぐ(第4次露斯戦争〈ロシアイラン〉)もロシア近代軍を前に惨敗。
　若き帝は即位早々「ゴレスターン条約」という煮え湯を呑まされた──というところまではすでに触れました(＊09)。
　じつは、まだ若くて経験不足の皇帝〈シャー〉を不安視した周囲はこたびの開戦に反対していたのですが、若気の至り、返ってムキになり、反対を押し切って開戦した結果がこの醜態でしたから、ファトフ＝アリーの面子〈メンツ〉は丸つぶれ。
　彼が"皇帝〈シャー〉としての威信"を恢〈かい〉復するためにはロシアと再戦してこれに勝利する以外にありません。
　そこで皇太子(＊10)に命じ、従来の旧式軍(＊11)に加え、西洋式新軍を創設して軍隊の近代化を図らせ、今一度"北伐(第5次露斯戦争〈ロシアイラン〉)"を敢行しましたが、またしても為す術〈すべ〉なく敗退。
　こうして1828年「トルコマンチャーイ条約(D-1)」が締結されることになりましたが、今回の講和条約はゴレスターン条約とは違って、単なる「領土(アルメニア)失陥」ではなく、「領事裁判権」「関税自主権の放棄」まで認めさせられた「イラン史初の不平等条約」であり、以降の「カージャール朝衰亡史」の起点となっていったのでした。

つぎはバルト海を目指すとするか！

建国以来、東進しつづけてきた我が国だが、それも潮時か。

ロマノフ朝 第5代
ピョートル1世

(＊08) それが日露戦争(B-5)へとつながり、それがロシア革命へとつながっていきます。
(＊09) 本書「第3章 第3幕」。
(＊10) アッバース＝ミールザー。父から愛され、皇太子指名されていましたが、父君ファトフより先に病死してしまったため皇帝にはなれませんでした。
(＊11) 「ゴラーム(奴隷)」と呼ばれる軍隊。

Column　滑稽歐亞外交地圖

　軍事力が無制限にモノを言った帝国主義時代、世界各国の立場・利害などを人間や動物などに準えて地図に描き出す「滑稽地図（Humorous Atlas）」なるものが流行しました。

　1904年、まさに日露戦争が勃発した直後に発行されたのが、本幕の中でも紹介した「滑稽歐亞外交地圖」です。

　地図の下にその解説文が掲載されていますが、その内容もまた"滑稽"なので抄訳してみましょう。

　ある有名な英国の政治家が露国を嘲って「黒蛸」と呼んだそうだが、なるほど露国のやり口は黒蛸そのものである。

　黒蛸は所詮魚族なので人としての根性など持ちあわせていないのは当然、他の魚のようにはつらつとして水面を泳ぐ肝玉もなければ、悠然と群を成して泳ぐ勇気すらなく、ただ海底の暗いところにある穴蔵に閉じ籠もって虚勢を張り、己の頭が空っぽであることすら理解できず、むやみやたらに手を伸ばして、触れたものをエサと思ってたぐり寄せようとするだけである。

　ところが、時として小者と思ってたぐり寄せてみたらとんだ大物に手を出してしまい、大怪我をすることもある。

　見よ、この図の黒蛸のザマァを！

　我が大日本帝国は今まさに、暴戻無道の黒蛸を懲らしめんがため旅順口をはじめとしてその伸ばしてきた蛸の足に大創傷を負わせてやったものだが、その創傷の痛みがどれほど黒蛸の足りない頭に響くであろうか、今後の見物である。

　それにしてもどうだ、黒蛸のあのザマァは！

　交戦中の記事ですから致し方ありませんが、当時の日本人の感情が露骨に表れていて興味深い。

第5章 解体するイスラーム

第2幕
抗争と混乱のアフガン
グレート・ゲーム

カージャール朝がロシアと激戦を繰り広げていたころ、お隣アフガニスタンではサドーザイ朝からバーラクザイ朝へと王朝交代が起こっていた。これを見たカージャール朝が「江戸の仇を長崎で晴らさん」と旧王朝を攻めれば、させるかとばかりイギリスが新王朝を攻める。こうしてグレート・ゲームが始まった。

江戸の仇は
長崎で晴らす！

カージャール朝 第3代
ムハンマド＝シャー

〈グレート・ゲーム〉

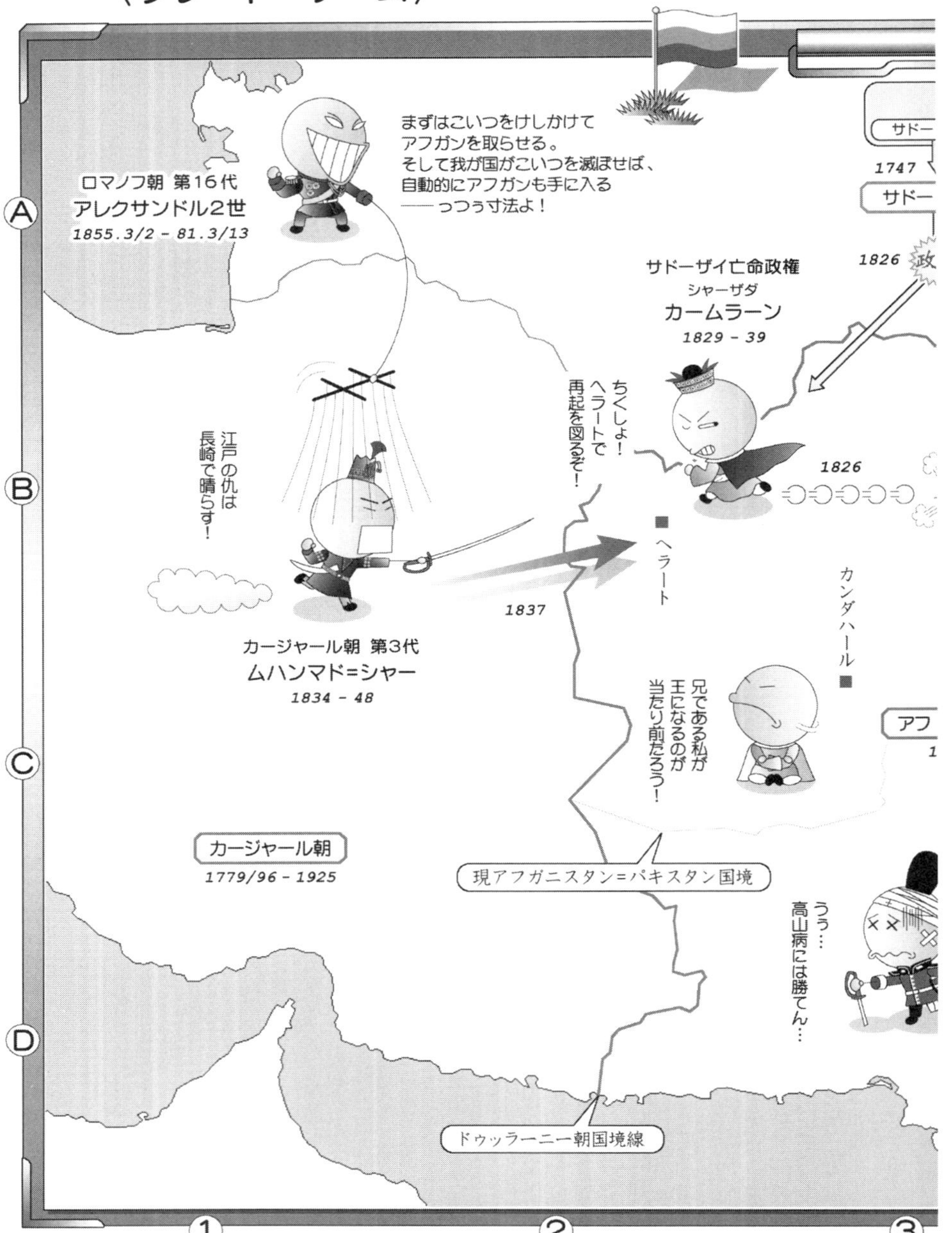

ロマノフ朝 第16代
アレクサンドル2世
1855.3/2 - 81.3/13

まずはこいつをけしかけて
アフガンを取らせる。
そして我が国がこいつを滅ぼせば、
自動的にアフガンも手に入る
――っつぅ寸法よ！

サドー
1747
サドー

サドーザイ亡命政権
シャーザダ
カームラーン
1829 - 39

1826
政

江戸の仇は
長崎で晴らす！

ちくしょ！
ヘラートで
再起を図るぞ！

1826

カージャール朝 第3代
ムハンマド＝シャー
1834 - 48

■ ヘラート

1837

カンダハール
■

兄である私が
王になるのが
当たり前だろう！

アフ

カージャール朝
1779/96 - 1925

現アフガニスタン＝パキスタン国境

うぅ…
高山病には勝てん…

ドゥッラーニー朝国境線

248

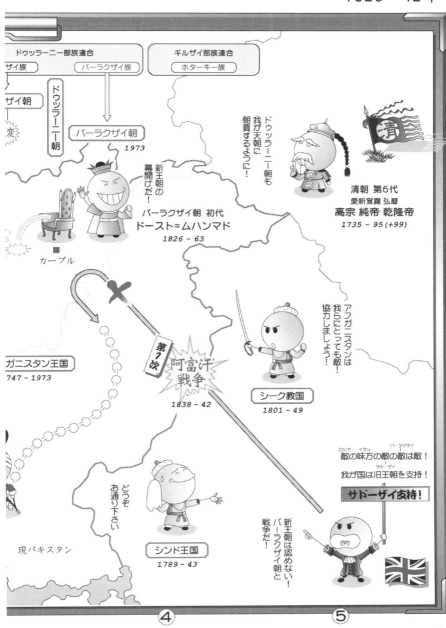

のようなロシアの南下政策と対決するため、カージャール朝（C-1）が
こ　　帝国の西でロシアと激戦（1826〜28 第5次 露斯戦争）を繰り広げ
　　　　　　シャーヒー　　　　　　　　　　　　　　　　　　　　　ロシアイラン
ていたちょうどそのころ、その反対側、帝国の東ではアフガニスタン（C-3）で
　　　　　　　　　　　　　　　　　　シャーヒー
王朝交代が起こっていました。

　このときの王朝交代こそが、今日までつづくアフガニスタンの"不幸（政情不
安）"の濫觴となりますので、このときの歴史背景の知識なくして、現代のアフ
　　　らんしょう
ガニスタン情勢の理解もまたあり得ません。

　古来、アフガニスタンにはパシュトゥーン人を最大民族として数多くの少数
民族・小部族が濫立、アフガニスタン全土を制圧できるほどの強大な勢力が不
　　　　　　　らん
在でした。

　そのためずっと周辺緒民族の属国に甘んじてきましたが、「小魚が身を守るた
めに群を成す」ように徐々に血縁の近しい部族同士で集団が形成され、いくつか
の「部族連合」が生まれてきました。

　その中でも二大派閥となったのが「ギルザイ部族連合（A-4）」と「ドゥッラー
ニー部族連合（A-3/4）」です。

　18世紀になって、サファヴィー朝の弱体に乗じてようやくアフガニスタンも
独立を達成、ギルザイ部族連合のホターキー族から王朝（*01）を生んだものの、
これは30年と保たずに崩壊。
　　　　も

　そのホターキー朝と入れ替わるようにして1747年、今度はドゥッラーニー
部族連合のサドーザイ族から生まれたのがドゥッラーニー朝（サドーザイ朝）で
す（A-3）。

　ちょうどこのころ清朝は乾隆帝（A/B-5）の絶頂期にあり、その圧力を前にし
て清朝の朝貢国に屈したとはいえ、一時期、現在のアフガニスタンからパキス

（＊01）1709〜38年、ホターキー朝（ギルザイ朝）。本書「第2章 第6幕」参照。

（＊02）サドーザイ朝もバーラクザイ朝もおなじドゥッラーニー出身であるため、両王朝を含めて
　　　「ドゥッラーニー朝」と呼ぶこともありますが、前者のみを指して呼ぶこともあります。
　　　またバーラクザイ朝はムハンマドを始祖とすることから「ムハンマドザイ朝」と呼ぶことも
　　　あります（「〜ザイ」は"〜の子孫"の意）。

タン（D-3/4）をも領有して繁栄しました。

しかし、それも長くはつづかず、18世紀の末ごろから混乱がつづき、ついに1826年、同系(ドゥッラーニー)のバーラクザイ族（A-4）に玉座を奪われてしまいます(*02)。

こうしてサドーザイ族から王位を簒奪(さんだつ)したドースト＝ムハンマド（B-4）はカーブル（B-3/4）を都として新王朝バーラクザイ朝（A/B-4）を開きましたが、旧王朝（サドーザイ朝）のカームラーン王子（B-2/3）はヘラート（B-2）に逃れ、その地に亡命政権を打ち建てて抵抗。

そのうえ、ドースト＝ムハンマドの兄（C-2/3）までが弟の即位を認めず、カンダハール（C-3）に割拠してしまったため、アフガニスタンはカーブルとヘラートとカンダハールに諸勢力が鼎立(ていりつ)する"三国時代"に入ってしまいます。

日本は海に囲まれているためその限りではありませんが、大陸ではひとつの国の中に地方政権が分立し、弱味を見せれば、たちまち周辺諸国が介入してくるのが常。

今回もその例外ではなく、これを見た周りの国が介入を図ってきます。

西からは、2度にわたる露斯(ロシアイラン)戦争に敗れて失った威信と失地恢復(かいふく)(*03)をアフガニスタンで晴らそう(*04)と目論んでいたカージャール朝。

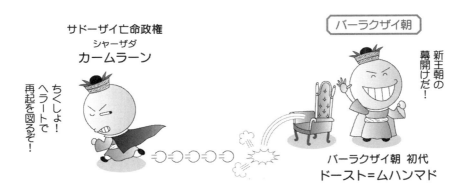

(*03) もともとアフガニスタン西部はサファヴィー朝以来の歴代イラン王朝が支配していたところなので、カージャール朝もつねづねその"奪還"を狙っていました。

(*04) まさに「江戸（ロシア）の仇を長崎（アフガニスタン）で討つ」を地でいく感じです。

北からは、南下政策を進めるロシア(A-2/3)。

　そして南からは、ロシアの南下を是が非でも食い止めたいイギリス(D-5)。

　この三国の思惑がアフガニスタンでぶつかり、以降アフガニスタンは、熾烈な駆引・情報戦・戦争が入り乱れる国際抗争の場となり果てます。

　所謂「グレート・ゲーム(*05)」の始まりです。

　王朝というものは、皇帝が入れ替わると、新帝が自己顕示のために対外戦争をしたがることがありますが、このころのカージャール朝もご多分に漏れず、2代皇帝から3代皇帝ムハンマド＝シャー(B/C-1/2)に代わったことを受けて、新帝はまもなく「ヘラート奪還」を標榜してアフガニスタンに派兵したのです。

　しかし、イギリスがこれに神経を尖らせました。

　カージャール朝だけならまだしも、その背後には南下を狙うロシア(アレクサンドル2世)(A-1)の影が見え隠れしていたからです。

　──まずはカージャール朝をけしかけてアフガニスタンを取る！
　　それからゆっくりカージャール朝を喰えば、自動的にアフガニスタンも我がロシアのもの！(A-2)

　イギリスとしてはなんとしてもこれを阻止したい。

　そこでイギリスは翌1838年、「敵の味方の敵の敵は敵」という立場から、「ヘラート政権(サドーザイ朝)支持！(D-5)」を表明して、カーブル(バーラクザイ朝)へ軍を送り込みます。

　これが以降3次にわたる「アフガン戦争(*06)」です(C-4)。

　ただ問題がひとつ。

　それは、イギリスの拠点インドからアフガニスタンの間にシーク教国(C-5)

(*05) チェスに準えてこう名付けられました。一般的に「1813年(ゴレスターン条約)～1907年(英露協商)までのアフガンを巡っての英露の争い」のことをこう呼びます。

(*06) 第1次(1839～42年)、第2次(1878～80年)、第3次(1919年)。
「アフガン」は「アフガニスタン」の略称にすぎませんが、1979年のソ連侵攻から以降の紛争を「アフガニスタン戦争」と呼んで区別します。

とシンド王国（D-4）が立ち塞がっていたことです。

　この両国の意向を無視して軍を進めれば、軍の側背を衝かれる格好となるため、両国の承認を得ておく必要があります。

　もっともすでにシーク教国と不可侵条約(*07)を結んでいましたからパンジャブ経由でカーブルに向かえば大きな問題ではなかったのですが、シンドと不可侵条約を結んでいないことは不安材料には違いありません。

　そこで開戦直後（1839年）にシンドとも不可侵条約を結び、完全に後顧の憂いを断って万全の態勢で決戦に臨みました。

　にもかかわらず。

　イギリス軍はアフガニスタンにあえなく敗北。

　19世紀といえばイギリスの絶頂期「Pax Britannica（パックス・ブリタニカ）」のド真ん中で、このころのイギリスは戦（いくさ）においてほとんど敗け知らず。

　ましてやアジアの小国ごとき、赤子の手をひねるようなもの！

　…のはずが何故！？

　その敗因は「地形」でした。

　アフガニスタンは国土全体が高地にあって、今回攻めたカーブルの標高は1800m(*08)もあります。

(*07) 1809年 アムリットサル条約。

(*08) 富士山（3776m）の標高のほぼ半分。三合目を越えたあたり。

これは激しい運動をすれば高山病を発症してもおかしくないレベル。
　そのためイギリス兵に高山病が頻発し、また発症しないまでも酸欠で体力の消耗が著しく、満足な軍事行動が取れない。
　これに対して、生まれながらにここで生活し、高山に順応しているパシュトゥーン人は意のままに動けましたから、これでは勝ち目がないのも当然。
　この失態にイギリスはただちに"次なる手"を打ちました。
　そのひとつが、再戦に備え、軍事訓練に「高地トレーニング」を取り入れたこと。
　現在ではアスリートの訓練として常識化している「高地トレーニング」は、もともとはこうした山岳戦に勝つために軍事訓練として開発されたものだったのです。
　そしてもうひとつの"次なる手"が……。

第5章 解体するイスラーム

第3幕

我こそは救世主なり！
バーブ教徒の乱

ヘラート奪還に失敗したカージャール朝は、その後、大きな国内問題が生まれ、アフガニスタンどころではなくなっていた。シーア派の分派シャイヒー派から生まれたバーブ教が反体制的過激思想を広めていたのだ。教祖は自ら救世主(マフディー)を自称し、『クルアーン』まで否定。それはやがて「バーブ教徒の乱」へと発展していった。

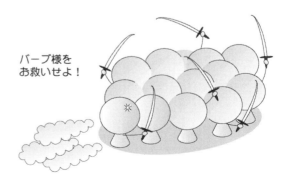

バーブ様を
お救いせよ！

〈バーブ教徒の乱〉

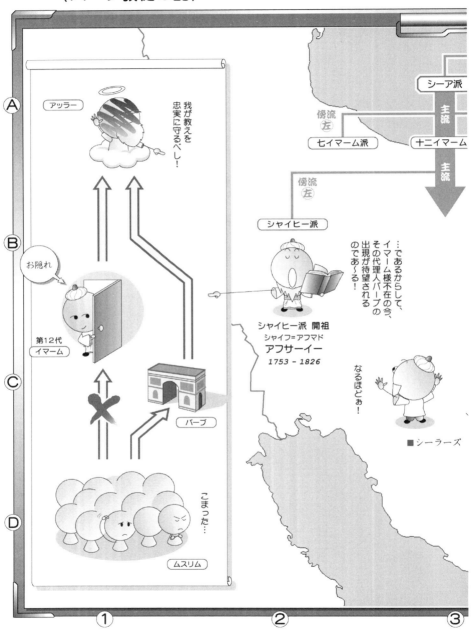

第3幕　バーブ教徒の乱

1844～52年

さて、イギリスが取った"次なる手"について触れると、話がインド史へ逸れてしまうので、これについては次幕に譲ることにして、本幕ではカージャール朝の動向のつづきを見ていくことにしましょう。

　イギリスとアフガニスタン争奪戦を演じたカージャール朝でしたが、このあとすぐにアフガニスタンなど構っていられない国内問題が持ち上がりました。

　それが「バーブ教徒の乱（D-5）」です。

　国が乱れると国民は怨嗟の声を上げますが、いつの世もそうした国民の不満と苦悶の声を吸収して力を付けてくるのが「新興宗教」(*01)です。

　── 溺るる者は藁をも摑む。

　人間というものは平時においてはちゃんと理性が働きますから、妖しい教説を唱える新興宗教になど見向きもしませんが、ひとたび精神的に追い詰められるや、たちまち理性を失い、どんな見え透いた似非宗教にも簡単に騙されてしまうためです(*02)。

　たとえば中国では、太平道（道教系）・白蓮教（仏教系）・上帝会（キリスト教系）など、どれもこれも教義そのものは幼稚な御利益宗教にすぎませんでしたが、当時の人々の心を鷲づかみにしたものです。

　ところで、イスラームは大きく主流派の「スンニ派（A-4）」と傍流の「シーア派（A-3）」に分かれますが、そのシーア派も指導者を誰にするかで分裂し、大きく主流派の「十二イマーム派（A-3）」と右の傍流「五イマーム派（ザイド派）（A-3/4）」・左の傍流「七イマーム派（イスマーイール派）（A-2）」に分かれています(*03)。

　当時のカージャール朝ではこの「十二イマーム派」が主流でした。

　「十二イマーム派」というのは、簡単にいえば「我らが指導者は第12代様を

（*01）人間というものは、心に何かしら"精神的支柱"がなければ情緒が不安定になるものです。「尊敬する人」「イデオロギー」「信念」など、泰平の世にあっては人それぞれの"心の支え"を持っているものですが、動乱の世に入るとこれらの"支え"を見失う人が増えます。そこに「神」という"精神的支柱"を設定し、人々に仮初めの安らぎを与えようとするのが宗教です。社会が紊乱すると宗教が跋扈するのはこのためです。

最後として"お隠れ"になった(B/C-1)が、やがて到来する『世界終末の日』に"救世主(マフディー)"様として再来なされるであろう」と考える宗派です。

しかし、シーア派にとって「イマーム」というのは神様(アッラー)(A-1)と信者(ムスリム)(D-1)をつなぐ"橋渡し役"でしたから、"お隠れ"になっている間、信者(ムスリム)は神様(アッラー)と断絶させられ、路頭に迷っているような状態になります。

そこで、
――今、苦難の時にあって我々は神(アッラー)を求め、神(アッラー)と我々をつなぐ指導者(イマーム)様が求められている！
しかるに、イマーム様が"お隠れ"になってしまっている現在、我々は何にすがって生きればよいのか！？
…と叫ぶ人物が現れました。

それが十二イマーム派の分派・シャイヒー派(B-2)の開祖シャイフ＝アフマド＝アフサーイー(B/C-2)です。
――イマーム様が"お隠れ"になっている間、
我々にはその代理人の役割を演ずる"バーブ"様が求められている！
"バーブ"とはアラビア語で「門」の意(C-1/2)で、これには「イマーム様不在で閉ざされている神(アッラー)へとつながる道を開く、"門"としての役割を担った者」という意味が込められています。

シャイヒー派 開祖
シャイフ＝アフマド
アフサーイー

(＊02) 現在数多くの信者を抱える宗教も、歴史を紐解けば、ことごとく混迷時代に布教を始めているか、そうした時代に普及していることがそれを証明しています。

(＊03) このあたりのイスラーム各宗派の詳細は『世界史劇場 イスラーム世界の起源』に譲ります。

この教えを知った名も無きシーラーズ(C-3)の一商人(ミールザー＝アリー＝ムハンマド)がこれに傾倒、勢い余って1844年、自らを「我こそがバーブなり！」と宣言してしまいます(＊04)(C-4)。
　これが「バーブ教(B/C-4)」の興りです。
　しかしそれだけならまだしも、彼はあまりに過激な主張(＊05)を繰り返したため、1847年ついに逮捕(C-5)、宗教法廷にかけられることになりましたが、興奮した彼はその席で「救世主宣言(C-5)」を行ってしまいます。
　──我こそは救世主なり！(＊04)
　　余に仇なす者どもには神罰が下ろうぞ！
　しかしながら、これはいただけない。
　「救世主」というのは、今は"お隠れ"になっている「12代様」がこの世の終末に光臨なされるもので、あくまでその"代理人"にすぎない「バーブ」とはまったくの別人だからです。
　ついさっき「バーブ宣言」しておきながら、その下の根も乾かぬうちに今度は「救世主宣言」とは、言ってることが支離滅裂。
　裁判でその点をツッコまれると、さらに追い詰められた彼はついに『クルアーン』まで否定しはじめ、自ら書いた預言書『バヤーン』を新啓典と宣言してしまいます(＊05)。
　イスラーム世界では、『クルアーン』を否定する言動は神そのものを侮辱する瀆神行為であり、「死罪」は免れ得ません。
　死刑判決が下った直後、時の皇帝ムハンマド＝シャーが亡くなったことも手伝って、その混乱に乗じて信者たちが「バーブ」ことミールザーを救出するべく蜂起しました。
　それこそが「バーブ教徒の乱」です。

（＊04）喩えるなら、そこらへんのしがないサラリーマンが突然「我こそは仏陀なり！」と言いはじめたようなものです。これが泰平の世であれば「何言ってんだ、こいつ？」で終わりですが、混沌とした時代にあってはこれを信じる者が出てきて教団化します。

（＊05）詳しくは、本幕コラム『異端ではなく異教』をご参照下さい。

4年間ほど各地で叛乱を繰り返す中、叛乱軍が新帝暗殺まで企てて失敗すると、これを機として王朝は弾圧に本腰を入れたため、バーブ教団は壊滅。

生き残った信者たちも帝国（シャーヒー）内には住めなくなって各地に分散していくことになりました。

こうして叛乱そのものは短期間のうちにあっけなく鎮圧されましたが、こうした新興宗教が現れ、反体制行動を取ること自体が、すでに帝国（シャーヒー）が傾いていることを示しています。

したがって、たとえ叛乱そのものが鎮圧されたとしても、彼らの"反体制的精神（イデオロギー）"は脈々と生きつづけ、のちの「イラン立憲革命」の革命闘士へと受け継がれていった ── といわれています。

歴史は繰り返す。

後漢王朝において「黄巾（こうきん）の乱」が起こったとき、叛乱そのものは短期間のうちに鎮圧されましたが、これを契機として後漢王朝は実権を失い、やがて三國志の中で亡んでいったことを彷彿とさせます。

ここにカージャール朝は天命尽き、あとは滅亡までかすかに命脈を保つのみとなったのでした。

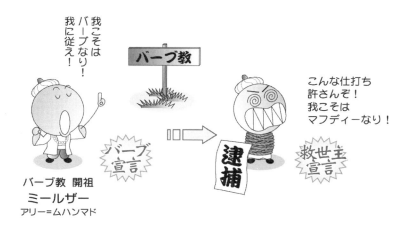

Column　異端ではなく異教

　筆者が受験生のころ、「イスラームの他の宗派はみんな"○○派"っていうのに、どうしてこれだけ"バーブ教"っていうんだろう？　"バーブ派"じゃないの？」と疑問に思ったことがあります。

　じつは、イスラームには数えきれないほどの宗派がありますが、「『クルアーン』を啓典(キターブ)とし、これを一言一句永遠に遵守すべき神(アッラー)の言葉だと認める」という根本的な信仰の点においてはすべての宗派がおなじです。

　しかし、教祖ミールザーは「神(アッラー)はイエスやムハンマドを送ったのと同じようにふたたび預言者(ラスール)をこの世に下すであろう」と教えたため、『クルアーン』の教え（ムハンマドは最後の預言者(ラスール)）に反すると指摘されると、「1200年も前に書かれた『クルアーン』はもう古い！」として、なんと『クルアーン』まで否定してしまいました。

　これではもはや「イスラームの一派」とは呼べず、「異端」どころか「異教」と認識され、したがって「バーブ派」ではなく「バーブ教」と呼ばれるようになります。

　ちなみに、彼の預言書『バヤーン』を紐解(ひもと)くと、その中身の過激さは相当です。

- 『バヤーン』を信じぬ者たちをすべてこの地上から抹殺せよ。（第1章）
- やつらが毎日どれだけ沐浴しようとも、やつらは本質的に不浄なる存在であり、それを逃れることはできぬ。（第2章）
- やつらに付属するものもすべてが不浄だが、それを我々が手にした瞬間から、それが何であれ清浄となる。（第4章）
- したがって、やつらの富を奪え。それが万物を清浄とすることになるのだ。（第5章）

　あまりにも過激すぎて、これでは当局（カージャール朝政府）によって大弾圧されたのも宜(むべ)なるかなの観がありますが、それは21世紀を迎えた現在となっても変わらず、現イラン政府も彼ら（そしてその教えを継承したバハーイー教）を「違法」としています。

第5章 解体するイスラーム

第4幕

裏切りの併合
インド防衛体制の確立

フランスとの覇権争いに勝利したイギリスに対し、次に挑戦してきたのはビルマであった。これを退けたイギリスだったが、一難去ってまた一難、今度はアフガン情勢が緊迫化、これに軍を送り込むも敗れてしまう。この敗戦により、イギリスはインド防衛態勢の見直しを図らなければならなくなった。

〈インド防衛体制の確立〉

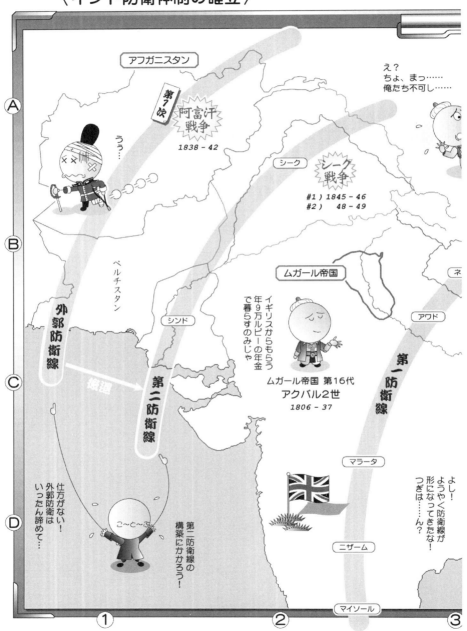

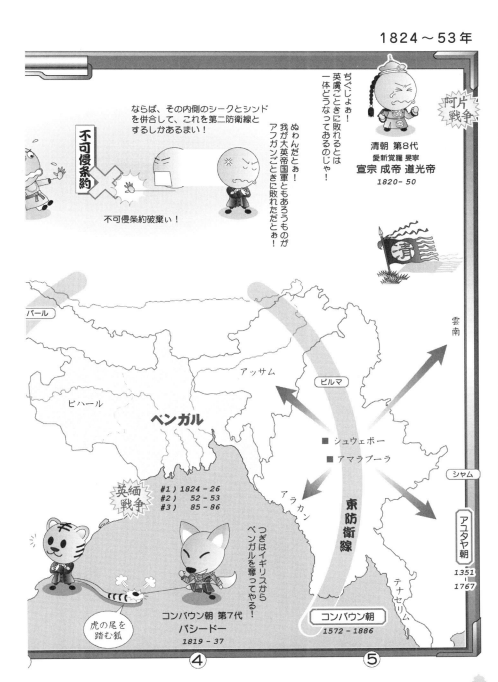

と ころで、ロシアの南下政策に対して、カージャール朝以上にピリピリしていたのがイギリスでした。

すでに前段階（＊01）までにフランスを追い落とし、インド支配を着々と進めてきたイギリスでしたが、ロシアの南下により、苦労して手に入れたインド覇権が脅かされるのではないかと懸念したためです。

しかし、イギリスはロシアの前に片づけておかなければならない問題が生まれました。

それがビルマ（現ミャンマー）（B/C-5）です。

当時はコンバウン朝（＊02）（D-5）の時代で、東征してはシャム（現タイ）のアユタヤ朝（C/D-5）を亡ぼし（1767年）、北伐しては乾隆帝の統べる清朝の雲南（B/C-5）に侵寇し、南征してはアラカン（C/D-4/5）を（1785年）、西征してはアッサム（B/C-4/5）を併呑（1817年）し、ビルマ史上最大の領土を獲得して極盛期に入っていました。

その"向かうところ敵なし"であったコンバウン朝が次に目を付けたのがその西に位置したベンガル（C-4）だったのです。

コンバウン朝はベンガル州の東部割譲を要求しましたが、もちろんイギリスがこれを了承するわけもなく。

こうして始まったのが 英（イギリス）緬（ビルマ）戦争（＊03）です。

したがって、先に"喧嘩"を吹っかけてきたのはビルマの方ですが、しかしこれはイギリスにしてみれば"願ったり叶ったり"。

そのころのイギリスは、マイソール（D-2/3）・マラータ（C/D-2/3）・アワド（B/C-2/3）などを支配下に置いて、ちょうど"西の守り"を鉄壁にしたところで、そろそろ"東の守り"を窺っていた、まさにそのタイミングでビルマの

（＊01）18世紀後半〜1815年。本書「第3章 第4幕」参照。

（＊02）1752〜1886年。初代国王がコンバウン（現シュウェボー）出身であったところからコンバウン朝、アラウンパヤを名乗ったところから「アラウンパヤ朝」とも呼ばれます。

（＊03）第1次（1824〜26年）、第2次（1852〜53年）、第3次（1885〜86年）

第4幕　インド防衛体制の確立

方から戦争口実を作ってくれたわけで、ビルマは"舌なめずりする 虎（イギリス）の前に自ら歩み出た 狐（ビルマ）"という格好になります。

　コンバウン朝の旧式軍は、イギリス近代軍を前にして連戦連敗、ベンガル東部を奪うどころか、アッサム・アラカン・テナセリム（D-5）を失陥することになりました(*04)。

　コンバウン朝は連勝に思い上がって自ら"虎の尾"を踏んだ（D-3/4）と言ってよいでしょう。

　イギリスとしては、このまま一気にコンバウン朝を亡ぼしたいところでしたが、ちょうどこのころ（1826年）、ビルマなどに構っていられない事情が生まれていました。

　それが前幕でも触れたアフガニスタン情勢です。

　前幕でも触れましたアフガニスタン（A-1/2）で王朝交代が起きたのがちょうどこの1826年で、イギリスはビルマをうっちゃり、あわてて「サドーザイ朝支持！」を掲げて軍事介入を図ったものの惨敗(*05)（A/B-1）したことは前幕ですでに触れました。

　この敗戦により、インドの外郭に防衛線（B/C-1）を張る試みは見事に失敗。
　──すこし事を急きすぎたか。
　気を取りなおしたイギリスはただちに"次の一手"を打ちます。

(*04) 1826年のヤンダボ条約。
(*05) 第1次アフガン戦争（1838〜42年）（A-1/2）。前幕参照。

それは、少し後退（C-1）とはなりますが、「その内側となるシーク教国（A/B-2）・シンド王国（B/C-1/2）をすみやかに第二防衛線(ディフェンスライン)（C-1）とすること」です。
　イギリスは両国と不可侵条約を結んでいました（A-3）が、翌年（1843年）にはこれを一方的に破棄してシンドを併合（＊06）。
　こうしたイギリスの身勝手(エゴイスティック)な態度に「明日は我が身！」と危機感を覚えたシーク教国との関係も急速に冷え込んでまもなく開戦、それが以降2次にわたる「シーク戦争（＊07）（A/B-2/3）」となります。
　イギリスは、シーク諸侯同士の対立を利用してこれと内通していたため、開戦と同時に裏切り者が続出（＊08）、シーク教国は敗れ去ることになりました。
　「西」を安定たらしめたイギリスは、その返す手で中途半端に終わっていた英(イギリス)緬(ビルマ)戦争を再開（第2次）、下ビルマ（C/D-5）をも併合してビルマの海岸地帯をすべて押さえることに成功します。
　こうしてインドの防衛態勢を確立したイギリスが最後に目をつけたのが……。

（＊06）まさに中国の故事「仮道伐虢（かどうばっかく）」を地でいくもの。
　　　　「歴史に学ばぬ者は亡びる（W.チャーチル）」の箴言どおり。
（＊07）第1次（1845〜46年）、第2次（1848〜49年）。
（＊08）「関ヶ原の戦」でも「プラッシーの戦」でもそうでしたが、どんなに布陣や戦況が有利であろうと、内通者が現れるようでは勝てません。勝利の重要な要因は"内なる結束"です。

第5章 解体するイスラーム

第5幕

滅亡への道
スィパーヒーの乱

ひとつの噂が流れる。「新型銃の薬包には牛と豚の脂が使われているらしい」これが端緒となって勃発したのが「スィパーヒーの乱」である。しかし、スィパーヒーの乱には決定的に欠けていたものがあった。その欠如によって最初から成功するはずのない、絶望的叛乱となっていく。

とんでもない失態を
演じてくれたな！
こたびの騒乱の責任を取って
東インド会社は解散！

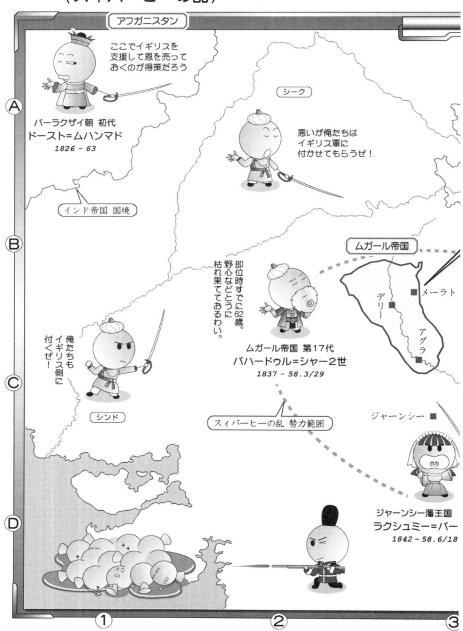

第5幕 スィパーヒーの乱

1854～58年

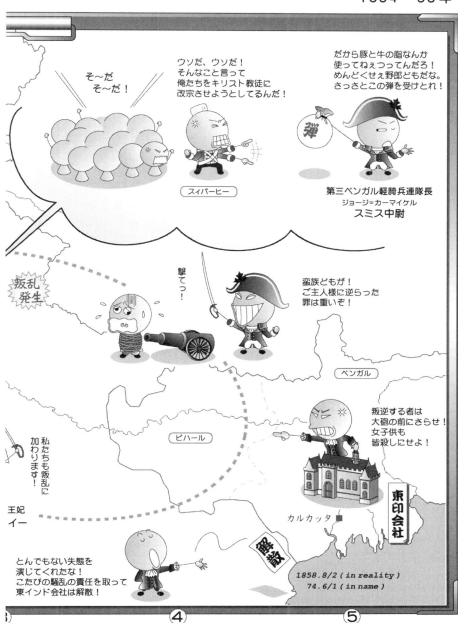

こうしてイギリスは、西はシーク（A-2）・シンド（C-1）を以て"濠"とし、東はビルマを以て"石垣"とすることでインド支配を盤石にすると、いよいよ内にポツンと残っている"虫喰い"が目障りになってきます。

　その"虫喰い"こそ、デリーで細々と命脈を保っているだけに零落れ果てていたムガール帝国（グーラカーニー）（B/C-3）です。

　時の皇帝は第17代バハードゥル＝シャー2世（グーラカーン）（B/C-2）。

　彼が1837年に即位したときすでに御歳62歳。

　すでになんの野心もなく、ただイギリスからもらうわずかな年金(＊01)で余生を穏やかに全うすることだけを考えていた老帝でした。

　しかし、"最後の標的（ターゲット）"をムガールに絞ったイギリスは英緬（イギリス ビルマ）戦争（第2次）を片づけるが早いか、その翌年（1854年）には早くも帝国（グーラカーニー）を潰しにかかります。

──現帝が死んでも帝位の継承は認めない。

　藩王（ラージャ）に格下げとし、それに伴って年金も大幅に減額する。

　そして、皇族はデリーを明け渡すこと。

　これを言い渡されたとき、皇帝（グーラカーン）は79歳。

　もしこれが履行されたならば、帝国（グーラカーニー）の寿命は残すところ長くても十数年ということになります。

　しかし。

　これが履行されることはありませんでした。

　皇帝（グーラカーン）が亡くなるより前に、帝国（グーラカーニー）は滅亡することになったからです。

　その原因こそが、あの有名な「スィパーヒーの乱(＊02)」です。

　乱が起こった直接のきっかけは、傭兵（スィパーヒー）たちに新たに配給されることになった新型ライフル(＊03)の"噂"でした。

（＊01）年間108万ルピー。当時の1ルピーは銀換算で0.065gなので、総量では銀70kgほど。これを現在の貨幣価値に直すと約530万円ほど。

（＊02）1857〜59年。スィパーヒーの別称から「セポイの乱」とも、また最近では「インド大反乱」「インド独立戦争」とも呼ばれます。

第5幕　スィパーヒーの乱

「おい聞いたか！？
　今度支給される新型ライフルは、薬包(*04)を包む油紙を口で噛み切って使用するタイプだそうだぞ？」
――それがどうした？
「その油紙には牛と豚の脂（あぶら）が使われてるってもっぱらの噂だぞ！」
　当時、スィパーヒー（傭兵）たちはほとんどヒンドゥー教徒かムスリムでしたが、ヒンドゥー教徒は牛を神聖視、ムスリムは豚を忌避し、これをけっして口にしません。
「我々に宗教上の禁忌（タブー）(*05)を犯させることで、
　キリスト教に改宗させようとするイギリスの陰謀だ！」
　こうした噂が拡がったことで、スィパーヒーたちは新式銃（エンフィールド）の薬包を受けとることを拒否。
　この事態に第三ベンガル軽騎兵連隊長Ｇ．スミス中尉（A-5）はただちにこの噂を否定して説得します。
――巷間、あらぬデマが飛び交っておるようだが、懸念無用！！

（*03）エンフィールド銃。薬包が採用されたことで連射性能が上がり、施条（ライフリング）を切ったことで命中精度と射程距離と貫通力が飛躍的に高まりました。
（*04）現在の薬莢の原型。1発分の弾丸と火薬を油紙で包んであるもの。従来のようにいちいち火薬袋から充塡する必要がなくなり、連射性能が格段に上がりました。
（*05）これをヒンドゥー教では「アヒンサー」、イスラームでは「ハラール」と言います。

このたび配給される 新式(エンフィールド) 銃の薬包に獣脂など使っていない！
　もし、それでも心配だというなら油紙は手で破ればよい！
　しかし、たとえ手で破るにしても、ヒンドゥー教徒にとっては、そんな理由で神聖な牛が殺されていることに対する反発があり、またムスリムにとっては、豚は手に触れるだけでも 穢(けがら)しいことでしたから、それでも受け取ろうとしません。
　──だから獣脂は使われておらんと言っておろうが！
　今から配給される新薬包を受け取らない者は軍事裁判にかける！
　それでもよいのか！？
　しかし、こうした連隊長の恫喝にもかかわらず、その場に集められた90名のスィパーヒー（A-4）のうち、85名が受け取りを拒否。
　そこでこの85名は軍法会議にかけられ、ただちに「重労働10年」の判決が下り(＊06)、その場で軍服を剥(は)ぎ取られ、足枷(かせ)を咬ませられるという屈辱を味わわされます。
　これにスィパーヒーたちの怒りは爆発。
「彼ら85名は悪くないぞ！」
「仲間を救い出すのだ！」
　こうして1857年5月10日、メーラト(＊07)（B/C-3）のスィパーヒーらが暴動化し、見る間に北インド一帯に拡大していったものが「スィパーヒーの乱」です。
　以上がよく語られる叛乱勃発の顛末(てんまつ)となりますが、こんなものは単に叛乱勃発の"引き金"にすぎません。
　"ほんとうの理由"は、これまでさんざん我慢してきた悪虐非道・苛斂誅求(かれんちゅうきゅう)の限りを尽くしたイギリス支配に対する反発です(＊08)。

（＊06）形だけ「裁判」という体裁を取りながら、「初めに結論ありき」の一方的で理不尽な判決だったため、スィパーヒーの怒りは高まりました。

（＊07）メールートとも。帝都デリーの北東約60kmにある町。

（＊08）実際、ひとたびスィパーヒーの乱が始まるや、叛乱兵らはこの牛豚脂の薬包をためらいなく口で噛み切って使用しています。

彼らは「初めは猫のように爪を隠し猫なで声で近づきつつ、相手が気を許したところでその本性を現して虎のように襲いかかり、最後はハイエナのように骨までしゃぶり尽くす」というやり口でインドを支配してきました。

まだアウラングゼーブ帝の御世、イギリスが帝国の力を侮って反抗的態度を繰り返したため、帝の怒りに触れて当時の拠点フーグリは制圧され、これを放棄しなければならなくなったことがありました[*09]。

するとイギリスは、昨日までの尊大な態度を一変させ、平身低頭に謝罪。
「こたびは"一部の者"が暴走して、たいへん申し訳ございませんでした。
責任者は罷免いたしましたので、こたびの一件は陛下の慈愛を以て何卒お許しくださいますよう…」

相手が弱いと見れば殴りかかり、強いと見ればたちまち卑屈に謙る。

そして、下手に出て相手の気を許させつつ、あの手この手搦め手で敵を少しずつ弱らせる。

たとえばイギリスは、徴税権を獲得した[*10]あと、自分たちの支配者が代わったことに不安を覚える住民を安心させるため、なるべく従来の行政システム・徴税システム・社会システムを触れないようにし、彼らが昨日までの生活

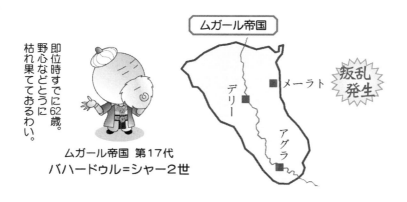

（＊09）本書「第1章 第4幕」参照。
（＊10）本書「第3章 第4幕」参照。

をそのままつづけられるように配慮します。

　北インドでは地主(＊11)が支配的であったため、彼らの土地を取り上げることなくそのまま安堵し、それまで帝国・藩王・太守らに支払っていた租税をそっくりそのままイギリス（東インド会社）に支払ってくれればそれでよいものとします。

　これを「ザミンダーリー制」と言います。

　また、中部インド以南では自作農が多かったため、やはり彼らの地権をそのまま認め、彼らがそれまで帝国・藩王・太守らに支払っていた租税をそっくりそのままイギリスに支払ってくれればよいとします。

　これを「ライーヤトワーリー制」と言います。

　これならば、地主も農民も今までどおりの生活ができ、ただ年貢の支払先を帝国・藩王・太守から東インド会社に変えるだけでよく、住民には直接なんの損もありません。

　住民は胸をなでおろし、そのため大きな反抗も混乱もなくスムーズにイギリス支配を浸透させることができました。

　しかし。

　彼らはそんな甘い連中ではありません。

　その恵比須面をかぶった裏には般若の素顔が隠されています。

　イギリスは支配が落ち着いてからゆっくりと、真綿で首を絞めるように、彼らに認めた利権を少しずつ少しずつ奪っていきました。

　たとえば、農業をしていれば凶作になることなど珍しくもありませんが、そうして潰百姓(＊12)が発生した場合、従来であれば「棒叩きの刑」に処せられたものです。

(＊11) ザミンが「土地」、ダールが「所有者」の意。

(＊12) 年貢が払えなくなって破産した農民のこと。

(＊13) 養子の跡継ぎが認められなかったことを大きな理由として叛乱を起こした有名人にジャーンシー藩王国(C-3)の王妃、「インドのジャンヌ＝ダルク」と呼ばれたラクシュミー＝バーイー(C/D-3)がいます。

「お役人様！ お願げぇでごぜぇますだ！
　老いたおっ父に棒叩きの刑はご勘弁くだせぇませ！」
── 棒叩き？　我が大英帝国は文明人だぞ？
　　そんな野蛮なことをするものか。
「へ？ 棒叩きはねぇんですかい？ ありがとうごぜぇますだ！」
── その代わり、年貢が払えないならお前の農地は没収するがな。
「えぇ───っ！！ ちょっと待ってくだせぇ！
　それじゃ、あっしらは明日からどうやって生きていけばいんですかい！？」
── 知ったことかよ！
　こうして職を失った人々が町や村に溢れ、多くの餓死者を出しました。
　それなら棒叩きの方がずっとマシです。
　農民ばかりでない、藩王(ラージャ)たちとて例外ではありません。
　彼らは跡継ぎがいない場合、適当な家柄から養子をもらってこれに継承させるしきたりでしたが、イギリスはこれをいっさい認めず、血縁の跡継ぎがいない場合には領土没収としました(＊13)。
　こうして何やかやと因縁(インネン)をつけ、癌(ガン)細胞がじわじわと体を蝕んでいくようにゆっくりとしかし確実に支配を強めていったのです(＊14)。

ジャーンシー藩王国　王妃
ラクシュミー＝バーイー

(＊14) イギリスがプラッシーの戦によって本格的にインド統治をはじめたのが1757年。
　　　それからムガール帝国を亡ぼしてインド帝国が成立したのが1858年。
　　　およそ100年かけてゆっくりとインドを蝕んでいることがわかります。

「スィパーヒーの乱」は、こうした不満と怒りが「新式銃の薬包(エンフィールド)」というきっかけで爆発したものにすぎません。
　しかし。
　組織というものは、その構成員全員が信頼を寄せる指導者がいれば一糸乱れぬ統率が取れ、大きな力(パワー)を発揮しますが、逆にいなければ無駄な動きが多くなり、やがては崩壊していくものです。
　特にこうした突発的感情的に起こった暴動というものは、叛乱軍の誰もが異議を唱えない"旗印"を見つけるのが難しく、せっかくの怒りの力(パワー)が分散してしまいがちです。
　全体の動き・目的・統率・戦略を考えず、末端が感情の赴くままにばらばらに暴れたところで、たちまち鎮圧されてしまうのがオチです(＊15)。
　スィパーヒーも軍人の端くれ、そんなことは重々承知していましたから、"旗印"としてムガール皇帝(グーラカーン)を祀りあげるため、ただちにデリー（B/C-2/3）に進軍、翌11日にはこれを占領して「ムガール帝国復活宣言(グーラカーニー)」をします。
　しかし。
　インドにとって不幸だったのは、そこに待っていたのが何の野心もなく、イギリスから年金をもらって余生の安寧のみを望むバハードゥル＝シャー2世だったこと。
　──こんな叛乱に加担したら、年金がもらえなくなるどころか、
　　　自分の地位も殆(あや)うい。
　身の保身しか頭にない帝(グーラカーン)にとっては叛乱軍に祀りあげられることなど迷惑千万なことでしたが、彼に選択権はありませんでした。
　もしこのときの皇帝(グーラカーン)が叛乱軍を統率できるほどのすぐれた人物だったら！

（＊15）世界各国古今東西、叛乱・革命の類の成功率がきわめて低い最大の要因はこれです。農民一揆がことごとく失敗に終わるのもそうですし、近代において、オスマン・イラン・中国・ロシアが何度挑戦してもことごとく近代化改革に失敗しつづけたのに、日本だけが一発で成功できたのも、日本には他に国にはない「天皇」という、何人たりとも異議を唱えられない絶対的"旗印"がいたことが大きな要因でした。

せめてラクシュミー＝バーイー（C/D‑3）ほどの気概があれば！

「第3章 第4幕」でも触れましたように、当時はイギリスの総人口600万人に対し、インドの人口は1億5000万ほどもありましたから、この圧倒的人口を背景にして団結さえしていれば、スィパーヒーの乱は成功した可能性はきわめて高く、イギリスは駆逐され、以降100年近くにおよぶ奴隷民族としての歴史はなかったでしょう。

しかし、その"団結"に不可欠なものがインド人の誰もが心服する「絶対的指導者」の存在。

バハードゥル＝シャー2世にそれを期待するのは土台無理なことで、彼は表面的には協力する態度を示し(＊16)ながら、実際には非協力的。

そこで叛乱軍はやる気のない老帝ではなく、皇太子のヒズル＝スルターン・アブー＝バクル両名(＊17)をデリー司令官に押し立ててみたものの、彼らは軍を率いた経験などなく、そろいもそろって統率力も戦術眼もない無能であったうえ、イギリス軍が現れるやたちまち臆病風に吹かれて単身逃げ出すという小心者。

"旗頭"を持たない叛乱軍の末路は悲惨です。

感情のみが暴走してただ暴れるだけの叛乱など、勢いがあるのはほんの最初のころだけ。

(＊16) イギリスに対する宣戦布告文には「こたびの戦に勝利するためならば、朕の命などいささかも惜しみはせぬ！」などと心にもない御為ごかしが書かれています。

(＊17) バハードゥル＝シャー2世には正室だけで8人、側室47人、その間に22人の子がいましたが、その15男と17男。

叛乱が起こるや、ただちに全国に檄が飛ばされ（＊18）ましたが、もしこのとき皇帝が全インド人の"精神的支柱"であったならば、全インドが一斉に決起したことでしょう。

　しかし現実には、決起する者はあまり現れませんでした。

　むしろこれを鎮圧に来る兵が、イギリスの手先となったインド人という始末。

　こうして叛乱は各地で鎮圧されていくことになります。

　しかも、イギリスの弾圧ぶりはすさまじい。

　捕らえた叛徒を大砲の前に括りつけ、これをブッ放して殺す（B/C-4）。

　制圧した町では筆舌に尽くしがたい凄惨な掠奪と破壊と虐殺が実行され、市民は男が皆殺しされる（D-1）など当たり前、女は犯してなぶり殺し。

　叛乱中心地のデリーでは激戦が繰りひろげられましたが、その最中、皇帝一家は我が身かわいさ、9月19日、夜間こっそり城を抜け出しイギリス軍に投降してしまったため士気が落ち、その翌日デリーは陥落（＊19）。

　いったんデリー近郊のフマーユーン廟へ逃げ込んだ皇帝一家は「今すぐ投降すれば、命だけは助けてやる」という軽騎兵将校 W．S．ホドソンの言葉を聞いてただちに投降。

（＊18）最近「檄を飛ばす」の誤用が蔓延しているようですが、これは「叛乱を起こしたときなどに、自分の主張を各地に伝令し、共に決起することを促すこと」であって、けっして「激励すること」「励ますこと」ではありません。念のため。

（＊19）こんな情勢にもかかわらず、叛乱軍はこのあとも相当にイギリス軍を苦しめましたから、返す返すも皇帝バハードゥル＝シャーとその皇太子の無能が悔やまれます。

すると、のこのこ投降してきた皇族一族に対して彼は叫びました。
「この人でなしどもめ！
　今すぐここでぶち殺してやるから、そこへ直れ！」
　狼狽した皇子(おうじ)たちは両手を挙げて命乞い。
──御主人様(サーヒブ)、御主人様(サーヒブ)！　そんなご無体な！
　先ほど「命だけは助けてやる」とおっしゃったではありませんか。
「そんなこたァ言った覚えはねぇな！」
　こうして皇子(おうじ)たちはその場で射殺され、帝(グーラカーン)は「反逆罪」で裁判にかけられ退位させられます。

　スィパーヒーの乱は翌年までつづきましたが、1858年3月29日、この日がムガール帝国の"命日"となりました。
　さらにその5ヶ月後(8月2日)には、こたびの騒乱の責任を取らせるという形で実質的に東インド会社(D-5)を解散(*20)(D-4)、東インド会社が保有していたすべての権限をイギリス国王に移譲させ、「インド帝国」を成立させます。
　退位させられたバハードゥル゠シャー2世は、ビルマに追放され、その4年後、寂しく生涯を終えました。
　享年87。
　こうして、ほんのついこの間(17世紀いっぱい)までイスラーム世界において強勢を誇っていた「帝国(デブレット)」と「帝国(シャーヒー)」と「帝国(グーラカーニー)」は、18世紀半ば、ついにその一角「帝国(グーラカーニー)」が亡びました。
　残りの「帝国(デブレット)」と「帝国(シャーヒー)」はあと半世紀ほど体制を維持することになりますが、手足をもがれ(領土・利権の剝奪)、誇りも奪われ、搾取され、虐げられる歴史を歩む点においては、ここで滅亡した「帝国(グーラカーニー)」とさして変わりありません。

(*20) ただし、名目的には1874年まで会社組織は存在しています。

Column 民族の結束力

　インドが亡んでいった原因の最たるは、「兵器の優劣」や「近代化の失敗」よりも、やはり「外民族に対してインド人という民族意識を以て結束ができなかった」ことが大きいでしょう。

　日本が明治維新を成功させ、欧州列強の侵掠（しんりゃく）の魔の手をはじき返すことができたのは、天皇という絶対的支柱の下、民族（日本人）・宗教（神道）を紐帯（ちゅうたい）とする「結束」が容易だったことが挙げられます。

　結束の力は何よりも強い。

　日本のような当時の人口3000万そこそこの小国ですら、結束さえすれば欧州列強から独立を守り得たのですから、ましてや日本の5～6倍もの人口を擁していたインドが結束したならば、イギリスごとき、ものの数ではなく一蹴できたはずです。

　しかし、インドは日本と違って多民族・多宗教。

　そのうえ唯一"精神的支柱"たり得たムガール皇帝は腰抜け。

　これでは結束できる要素がありません。

　鳥羽・伏見の戦を見てもわかるように、日本では天皇に敵すればただちに「賊軍」の烙印を押されたちまち孤立化、どんな大軍も潰走の憂き目を逃れ得ませんが、インドではスィパーヒーの乱の際、「ムガール皇帝（インド皇帝）」の名で全国に檄が飛ばされたにもかかわらず、これに合力する者は多くなく、叛乱鎮圧にやってくるのが同じインド人という有様。

　インド植民地化の事始め、プラッシーの戦でもイギリスに内通する者が相次いで20倍の兵力差をひっくり返されましたし、シーク戦争でも裏切者が出たために敗れました。

　インドでは一事が万事この調子で、奴隷民族となっていったのです。

　最近、「日本人は個性がない」「すぐに周りに迎合しようとする」と批判されがちですが、平時においてはそう感じる民族性も、戦時においては国を救う結束力となるのですから、悪い事とも言えません。

第5章 解体するイスラーム

第6幕

女王の帝国
インド帝国の成立

ロシアはアレクサンドル2世の御世、中央アジア制圧に積極的に乗り出すことになる。これに驚いたイギリスは、その牽制として「インド帝国」を成立させるとともに、英露の緩衝地帯アフガニスタンへの侵寇を行う。こうして英露どちらも身動きが取れなくなったことで、その矛先はカージャール朝へと向かうことになった。

娘も皇后になるし、私も女帝くらいにはなっておかないとね！

インド帝国 初代
ヴィクトリア1世

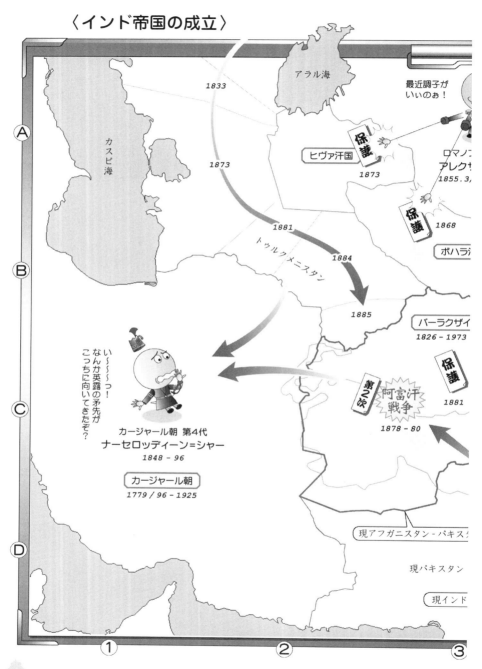

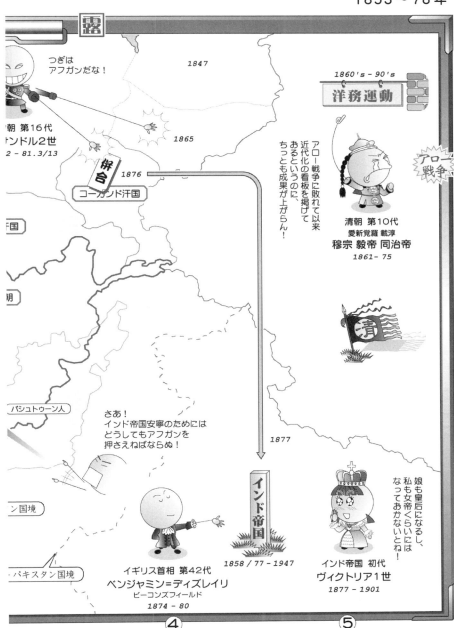

ムガール帝国を亡ぼし、一安心のイギリスでしたが、まだ不安材料があります。

　それがロシア帝国(インペェーリヤ)(A-3/4)の存在。

　これまでロシアがカージャール朝(C/D-1)を操って間接的にアフガニスタン(B/C-3)にちょっかいを出してきていたのは、当時のロシアがアフガニスタンと直接国境を接していなかったためです。

　ロシアにとって、アフガニスタンへの道を遮(さえぎ)る形で居座る「ウズベク三汗国(ハン)(A/B-2/3/4)」は、南下政策を阻む目障りな存在でした。

　ところでロシアは、ニコライ1世の御世(みよ)を通じて東方問題(イースタンクエスチョン)に注力(*01)していましたが、度重なる挫折(*02)を味わっていました。

　そこで1855年、クリミア戦争の敗北が決定的になるとともに皇帝(インペラートル)がアレクサンドル2世(A-3)に代わったことを契機として、いったんバルカン方面の手を弛め、矛先を極東に向けることにします。

　ちょうどその翌年、清朝(C-5)においてアロー戦争(*03)(A/B-5)が勃発していたため、ロシアはこれに乗じて外満洲(*04)を併呑し、夢にまで見た不凍港(ウラジヴォストーク)を手に入れることに成功。

　気をよくしたロシアは、その勢いのまま今度は中央アジアに狙いを付け、目障りだった「ウズベク三汗国(ハン)」を併呑することを考えはじめます。

　その結果、1868年(*05)にはボハラ汗国(ハン)(B-3)・コーカンド汗国(ハン)(A/B-4)を、さらに1873年にはヒヴァ汗国(ハン)(A-2)保護下に置き、「ウズベク三汗国」すべてを呑み込むことに成功しました。

　もっとも75年になってコーカンド汗国(ハン)が反旗を翻したため、中央アジアを完全に制圧するのには翌76年を待たねばなりませんでしたが、とはいえ、バル

(*01)東方問題 第3期(1815～70年代)のこと。本書「第4章 第1幕」を参照。
(*02)ニコライ1世の御世、ギリシア独立戦争(第4章 第1幕)・埃土戦争(第4章 第3/4幕)・
　　　クリミア戦争(第4章 第6幕)と3度挑戦して3度失敗しています。
(*03)1856～60年、清朝vs英仏の戦争。
　　　詳しくは本シリーズ『日清・日露戦争はこうして起こった』をご参照ください。

カンでは失敗つづきだった南下政策もここに来て順調に事が進むようになっていました[*06]。

しかし、こうした事態に狼狽したのがイギリス。

―― まずいぞ、まずいぞ！

　これでロシアとインドを隔てているものはアフガニスタンだけになってしまった！

　これを見過ごせばそのうちアフガニスタンが、そして次はシークが、さらにはデリーがロシアの手に陥ちてしまいかねない！

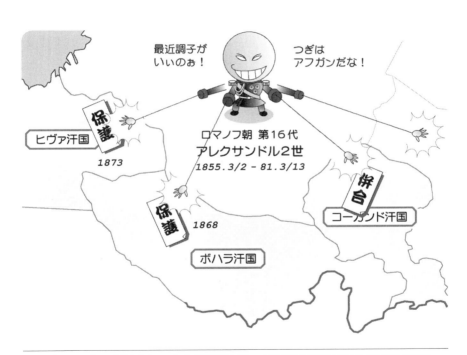

(＊04) 1858年の愛琿条約と60年の北京条約にて。本書「第5章 第1幕」の(註06)を参照。

(＊05) 1868年といえば、日本ではちょうど「明治維新」のころです。

(＊06) 前著『イスラーム三國志』(第3章 第3幕)でも触れましたが、これは個人においてもそうで、何かしら努力が空回りしてうまくいかないときは、いったん引いて努力の矛先を変えてみるとトントン拍子でうまくいくことがあります。

そこでイギリスは、ロシアに対しひとつの"アピール"を行います。
　じつは、スィパーヒーの乱の最中(さなか)、バハドゥール＝シャー2世は全インドに檄(げき)を飛ばす意味もあって「ムガール皇帝」改め「インド皇帝」を自称（1857年）していたことがありましたが、それから20年、時の英相 B.ディズレイリ(ベンジャミン)（D-4）が有名無実だったこの称号を引っぱり出してきてこれをヴィクトリア女王（D-5）に与えたのです。
　これこそが「英領インド帝国（D-4/5）」です。
　実質的にはすでに1858年に成立していましたが、1877年、これに「名」を与え、「帝位」を与えたことで名実ともに「インド帝国」は確立したといえるでしょう。
　「なぜヴィクトリア女王をインド皇帝に推戴したのか？」という理由については、いろいろいわれています(＊07)が、外交上の理由は「ロシアへの牽制」です。
　ヴィクトリア女王が「インド皇帝を兼位」するということは、
　――インドは単なる"植民地"ではない！
　　英王が直接統治する"本土"と同格扱いとする！

イギリス首相 第42代
ベンジャミン＝ディズレイリ

インド帝国 初代
ヴィクトリア1世

娘も皇后にななるし、私も女帝くらいにはなっておかないとね！

（＊07）たとえば、当時ヴィクトリア女王の長女（ヴィクトリア）がドイツ皇太子フリードリヒ（のちの3世）に嫁いで（1858年〜）おり、将来は「皇后」の地位が約束された身の上でしたが、そうなると母親の地位（女王）の方が娘（皇后）より低いということになるため、体面を重んじた周辺が彼女に「皇帝」の地位を授けようとした――など。

…ということを対外的にアピールしたことを意味し、それはつまり、
──ロシアよ、よもやまさかインドにちょっかい出すつもりじゃなかろうな？
　もしそのつもりなら心してかかってこい。
　我が大英帝国は、ブリテン島に侵寇された場合と同等の思いで総力を上げて迎え討とうぞ！
…というロシアに向けた意思表示でもあります。
　のみならず。
　イギリスとしては、英露の緩衝地帯となっていたアフガニスタン、一度攻めて失敗しているアフガニスタンを是が非でもロシアより先に支配下に置いておきたい。
　そこで、その翌年には今一度アフガニスタンに軍を進めることにしました。
　これが「第２次 アフガン戦争（１８７８～８０年）」です。
　こたびは前回の敗因をよく研究して臨んだため、苦しみながらもなんとか勝利を納め、これを保護国とすることに成功します。
　これと同時並行して、ロシアもさらにトゥルクメニスタン（B-2）経由でもアフガニスタンを目指し、ここで睨み合いとなりましたが、ここでもし全面衝突となれば、お互い国運を賭けて戦わねばならないことはわかっていたためこれをためらい、その結果、矛先が９０°西に逸れて（B/C-2）カージャール朝に向かうことになりました。

カージャール朝 第４代

こうした背景により、次の段階に入ると、いよいよカージャール朝の解体が本格化していくことになります。

―――――――――――

最後に。

本書では 17～19 世紀のイスラーム世界をかいつまんで見てまいりましたが、ついに時代は 1870 年代を迎えました。

「いよいよここから佳境！」というところで、残念ながら筆者はいったんペンを置き、この後については『続刊』に譲らなければなりません。

なんとなれば、「1870 年代」は欧米において「帝国主義時代(＊08)」の幕開けと重なり、ヨーロッパ列強による侵掠(しんりゃく)がいよいよ本格化するためです。

前(さき)にも触れましたように、帝国主義時代とは「人道・道徳は消え失せ、軍事力が無制限にモノをいい、列強が問答無用で弱小国を植民地とし、その民族を隷属させ、その富を吸い尽くしていく」時代です。

これによりイスラーム世界は、「1870 年代」を境として急転直下、目も当てられない惨状へと転がり落ちていくことになります。

不幸だったのは、ヨーロッパ圏が絶頂期に入ったちょうどそのころ、アジア圏が衰亡期に入っていたという間(タイミング)の悪さでした。

もしこのとき、イスラームや中国が 16～17 世紀ごろに当たり、東地中海にスレイマン大帝が、ペルシアにアッバース 1 世が、インドにアクバル大帝が、中国に康熙帝が君臨する時代とかち合っていたら！

そうすれば、ヨーロッパの挑戦ごとき、ただの腕の一振りで薙(な)ぎ払っていたであろうに！

そうした想いが湧いてこないではありませんが、史実はそうではありませんでした。

現代において我々の間の前に屹立(きつりつ)するさまざまな国際問題は、ほとんどこの 18 世紀から帝国主義時代に欧米列強によってバラ蒔(ま)かれた災厄が原因です。

―――――――――――

（＊08）1870 年代から、狭義では第一次世界大戦まで。広義では第二次世界大戦まで。

たとえば、本幕でも触れた「第2次 アフガン戦争」もそうです。

この戦争の結果、イギリスは手前勝手な都合で現在のアフガニスタンとパキスタンの国境（D-3）を定めました。

しかしこれによりパシュトゥーン人（C-3）をはじめ多くの部族の居住地区がばらばらに分断されることになってしまいます[＊09]。

それが現在に至るまでの不安定なアフガン情勢の大きな要因のひとつとなっていますが、さんざん国と民族を引っ掻き回して不幸をばらまいておきながら、その張本人のイギリスは現在に至るまで他人事のように我関せず、問題解決のための行動を何もしていません。

あるいは、ロマノフ朝が目の前にまで迫りながらついに果たせなかった「アフガニスタン制圧の夢」。

この想いが"遺伝子（DNA）"となって、こののち帝国（インピェーリャ）が亡びようとも、その後、

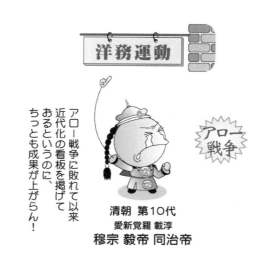

（＊09）現在、パシュトゥーン人はアフガニスタンに1200万人、パキスタンに1000万人ほど住んでいます。パキスタン側のパシュトゥーン人の居住地域でも特にパシュトゥーン人の密集地域は「部族地域（トライバルエリア）（C-3/4）」と呼ばれ、極めて強い自治を持ち、パキスタン政府の法も及ばない、ほとんど独立国家のような様相を呈しているため、ゲリラの訓練所があるのもここ。

社会主義国家（ソ連）になろうとも、それは脈々と"遺伝"されてゆき、やがてそれは1979年の「アフガニスタン侵攻」という形となって結実します。

　それが当時、米ソの緊張緩和（*10）を御破算にして「第2次 冷戦」へ突き進むきっかけとなり、世界を震撼させたことは誰もが知るところです。

　他にも、現在のバルカン紛争、中東情勢、イスラエル問題、「9・11」を筆頭として世界各地で頻発するテロ事件……等々、現在我々が逢着している国際問題の原因を紐解いていくと、そのほとんどがこのころ欧米列強が撒き散らした災厄に行きつくものばかりです。

　いくら雑草を刈り取ろうと、その根っ子を取り除かない限りすぐに生えてくるように、目に見える上辺だけの問題をどれほど取り繕おうと、けっしてこれらの国際問題の解決にはなりません。

　「9・11」の映像を見て「イスラームが悪い！」という発想が如何に幼稚で的外れなものであるかが近代以降のイスラームの歴史を学ぶことで理解できるようになるでしょう。

　本書がその一助となってくれることを祈りつつ。

（*10）第1次冷戦（1945/47〜53/55年）後、一時は米ソ対立が"雪どけ（1955〜60年）"したかに見えたものの、60年代に入るとふたたび米ソ関係が悪化、一時は全面核戦争寸前（1962年キューバ危機）にまで達しました。こうした情勢を嫌った米ソの対話姿勢が高まった1968〜79年までの時代を「デタント」と言います。

■ おもな参考文献（順不同）■

鈴木董『オスマン帝国の解体 —— 文化世界と国民国家』（ちくま新書）

鈴木董『イスラーム復興はなるか』（講談社）

林佳世子『興亡の世界史10　オスマン帝国500年の平和』（講談社）

フランシス・ロビンソン／小名康之監修『ムガル皇帝歴代誌』（創元社）

田村実造編『世界の歴史9　最後の東洋的社会』（中央公論社）

辛島昇編『新版世界各国史7　南アジア史』（山川出版社）

桜井万里子編『新版世界各国史17　ギリシア史』（山川出版社）

永田雄三『新版世界各国史9　西アジア史Ⅱイラン・トルコ』（山川出版社）

浅田實『東インド会社』（講談社）

歴史学研究会編『世界史史料8　帝国主義と各地の抵抗Ⅰ』（岩波書店）

下津清太郎編『世界帝王系図集』東京堂出版

神野 正史 (じんの まさふみ)

河合塾世界史講師。世界史ドットコム主宰。学びエイド鉄人講師。ネットゼミ世界史編集顧問。ブロードバンド予備校世界史講師。歴史エヴァンジェリスト。1965年、名古屋生まれ。出産時、超難産だったため、分娩麻痺を発症、生まれつき右腕が動かない。剛柔流空手初段、日本拳法弐段。立命館大学文学部史学科卒。既存のどんな学習法よりも「たのしくて」「最小の努力で」「絶大な効果」のある学習法の開発を永年にわたって研究。そして開発された『神野式世界史教授法』は、毎年、受講生から「歴史が"見える"という感覚が開眼する！」と、絶賛と感動を巻き起こす。「歴史エヴァンジェリスト」として、TV出演、講演、雑誌取材、ゲーム監修など、多彩にこなす。「世界史劇場」シリーズ（ベレ出版）をはじめとして、『最強の成功哲学書 世界史』（ダイヤモンド社）、『戦争と革命の世界史』（だいわ文庫）、『「覇権」で読み解けば世界史がわかる」（祥伝社）、『現代を読み解くための「世界史」講義』（日経BP社）など、著書多数。

世界史劇場 侵蝕されるイスラーム世界

2018年5月25日　　初版発行

著者	神野 正史 (じんの まさふみ)
DTP	WAVE 清水 康広
校閲協力	有限会社蒼史社
カバーデザイン	川原田 良一（ロビンソン・ファクトリー）
発行者	内田 真介
発行・発売	ベレ出版 〒162-0832　東京都新宿区岩戸町12 レベッカビル TEL.03-5225-4790　FAX.03-5225-4795 ホームページ　http://www.beret.co.jp/
印刷	三松堂株式会社
製本	根本製本株式会社

落丁本・乱丁本は小社編集部あてにお送りください。送料小社負担にてお取り替えします。
本書の無断複写は著作権法上での例外を除き禁じられています。
購入者以外の第三者による本書のいかなる電子複製も一切認められておりません。

©Masafumi Jinno 2018. Printed in Japan
ISBN 978-4-86064-547-2 C0022　　　　　　　編集担当　森 岳人

「世界史劇場」シリーズ

世界史劇場
イスラーム世界の起源

神野正史 著
A5 並製／本体価格1600円（税別）
ISBN978-4-86064-348-5 C2022

■ 280頁

世界史劇場
イスラーム三國志

神野正史 著
A5 並製／本体価格1600円（税別）
ISBN978-4-86064-387-4 C2022

■ 320頁

世界史劇場 日清・日露戦争は
こうして起こった

神野正史 著
A5 並製／本体価格1600円（税別）
ISBN978-4-86064-361-4 C2022

■ 336頁

世界史劇場
アメリカ合衆国の誕生

神野正史 著
A5 並製／本体価格 1600 円（税別）
ISBN978-4-86064-375-1 C0022

■ 288 頁

世界史劇場
第一次世界大戦の衝撃

神野正史 著
A5 並製／本体価格1600円
ISBN978-4-86064-400-0 C2022

■ 320頁

世界史劇場
ロシア革命の激震

神野正史 著

A5 並製／本体価格1600円
ISBN978-4-86064-416-1 C2022

■ 328頁

世界史劇場
フランス革命の激流

神野正史 著

A5 並製／本体価格1600円
ISBN978-4-86064-429-1 C0022

■ 336頁

世界史劇場
駆け抜けるナポレオン

神野正史 著

A5 並製／本体価格1600円
ISBN978-4-86064-454-3 C0022

■ 320頁

世界史劇場
ナチスはこうして政権を奪取した

神野正史 著

A5 並製／本体価格1600円
ISBN978-4-86064-481-9 C0022

■ 296頁

世界史劇場
正史三國志

神野正史 著

A5 並製／本体価格2100円
ISBN978-4-86064-516-8 C0022

■ 472頁